Hans J. Tümmers

Der schwarze Koffer

AF287378

Hans J. Tümmers

DER SCHWARZE KOFFER

**Schicksale von Juden
in Frankreich
während des
zweiten Weltkriegs**

Am Beispiel der Geschichte
der Familie Rosenzweig
aus Pińczów in Polen

Hartung-Gorre Verlag, Konstanz

Gestaltung des Umschlags: Patrick Tümmers
Alle Bildrechte bei Hans J. Tümmers

**Bibliografische Information
der Deutschen Nationalbibliothek**
Die Deutsche Nationalbibliothek verzeichnet diese
Publikation in der Deutschen Nationalbibliografie;
detaillierte bibliografische Daten sind im Internet
über *https://dnb.dnb.de* abrufbar.

2. erweiterte Auflage 2025, 1. Auflage 2023
Hartung-Gorre Verlag, Konstanz
ISBN 978-3-86628-781-5 und 3-86628-781-X

INHALT   Seite

VORWORT

Dies ist die Geschichte der Familie Rosenzweig[1], den Nachkommen von Berek Rosenzweig und seiner Ehefrau Malka geb. Kornblum. Beide wurden sie in der polnischen Stadt Pińczów geboren, Berek im Jahre 1861 und Malka 1860. Berek starb 1918 in Pińczów und Malka 1942 in Paris. Sie hatten neun Kinder, von denen zwei das Erwachsenenalter nicht erreichten. Von den verbliebenen sieben Kindern wurden fünf in Auschwitz bzw. Treblinka ermordet, teilweise mit ihren Familien. So steht die Geschichte der Familie Rosenzweig für diejenige von Millionen von jüdischen Bürgern, die Opfer des Holocaust wurden.

Die Enkelin von Berek und Malka Rosenzweig, Juliette Rosenzweig (1911 – 2004) hatte den Holocaust überlebt. Sie war 1941 nach Limoges in die freie Zone Frankreichs gefahren, um dort ihren Mann Léon Kahan zu treffen, dem es gelungen war, aus dem Kriegsgefangenenlager von Saverne im Elsass zu fliehen. Fünfmal fuhr sie vom Wohnort ihrer Familie Vitry-sur-Seine nach Limoges und musste hierfür jedes Mal illegal die Demarkationslinie überqueren. Mit ihrem Personalausweis, auf dem ein dicker Stempel mit dem Wort „Juive" angebracht war, hätte sie bei einer Kontrolle große Probleme bekommen. 1942 blieb sie schließlich in Limoges, und dank der Unterstützung durch einige mutige Menschen konnten sie sich dort mit ihrer Familie bis zur Befreiung Frankreichs im Herbst 1944 verstecken. Am 19.

---

[1] In den Dokumenten findet man verschiedene Schreibweisen des Namens: Rosenzweig, Rosenzwieg, Rozenzwajg, Rosenczwajg.

9

Januar 1943, die bislang „freie Zone" war im November 1942 von der Wehrmacht besetzt worden, brachte sie in Limoges ihre Tochter Eliane Ruth zur Welt gebracht, ihr zweites Kind nach Henri Bernard, geboren am 22. Mai 1937 in Paris.

Nach der Befreiung Frankreichs kehrte sie mit ihrer Familie nach Vitry-sur-Seine zurück, wo ihr Vater Leibus Rosenzweig mit seiner Ehefrau Rezel Scher ein Bekleidungsgeschäft betrieben hatte. Doch sie waren nicht mehr da, deportiert nach Auschwitz im Februar 1943. Und sie kehrten nicht mehr zurück. Noch lange Zeit veranlasste Juliette Nachfragen bei den Behörden in der Hoffnung, dass sie von dem „Arbeitslager" im Osten doch noch zurück-kommen würden.

Juliette bewahrte alle denkbaren Unterlagen ihrer Familie auf: ihre gesamte private und geschäftliche Korrespondenz, zahlreiche Urkunden, sowie mehrere Alben und hunderte, meist unsortierte Fotos von ihrer Familie. Erfreulicherweise schrieb sie auf etwa 50 handgeschriebenen Seiten ihre Erinnerungen an ihre Kindheit und an die Zeit des Zweiten Weltkriegs auf. Besonders bemerkenswert sind diese Aufzeichnungen nicht nur wegen ihres Inhalts, sondern auch wegen des schönen sprachlichen Stils. Sie hatte keine höheren Schulen besucht, und auch das Elternhaus konnte sie kaum sprachlich prägen; dort wurde vor allem Jiddisch gesprochen. Aber ihre Aufzeichnungen zeigen eine außergewöhnliche Beherrschung der französischen Sprache.

Ihre Enkelin Myriam unterhielt sich oft und ausführlich mit ihrer Großmutter und nahm diese Gespräche auf Tonband auf. Sie berichtete dabei von ihrem eigenen Leben, dem ihrer Familie und vor allem von deren Tragödie während des Zweiten Weltkriegs. Als sie 2004 starb, sammelte Myriam alle oben erwähnten Unterlagen ein und verstaute sie in einem alten, schwarzen Koffer. Einige Jahre später kam dieser Berg von noch völlig ungeordneten Unterlagen zu mir, damit ich sie sichte und auf ihrer Grundlage die Geschichte der Familie Rosenzweig schreibe. Myriam meinte, dass ich nach meiner Pensionierung ja genügend Zeit hierzu hätte.

Dieser Bericht handelt vor allem von Leibus Rosenzweig und seiner Frau Rezel geb. Scher, sowie deren Tochter Juliette; es wird jedoch auch das Schicksal der Geschwister von Leibus und von Rezel, sofern bekannt, aufgezeigt.

Juliette Rosenzweig und Léon Kahan waren die Großeltern meiner Kinder Myriam und Patrick, Eliane ihre in Limoges geborene Mutter, mit der ich von 1967 bis 1984 verheiratet war. Mit dieser Darstellung sollen sie die Geschichte ihrer Familie mütterlicherseits und damit auch ihre eigenen Ursprünge besser kennenlernen und verstehen.

Diese Geschichte ist nur verständlich vor dem Hintergrund der deutschen Besatzungspolitik in Frankreich mit ihrer systematischen Judenverfolgung, sowie der Kollaborationspolitik der Vichy-Regierung. Auf sie wird nur eingegangen, um diese Einzelschicksale verständlicher zu machen. Sie ist detailliert von zahlreichen Autoren beschrieben, so z.B. von Saul Friedländer (Das Dritte Reich und die Juden), Raul Hilberg (Die Vernichtung der europäischen Juden), Gerald Reitlinger (Die Endlösung), Eberhard Jäckel (Frankreich in Hitlers Europa), Jacques Semelin (Persécutions et entraides dans la France occupée) und vor allem von Serge Klarsfeld in verschiedenen Publikationen, so dem Buch „Vichy-Auschwitz, die Endlösung der Judenfrage in Frankreich". Eine besonders ergiebige Quelle bei den Nachforschungen nach dem Schicksal der Juden in Frankreich sind die Arolsen Archive mit digitalisierten Listen der Transporte nach Auschwitz und der begleitenden Korrespondenz. Die Quellen sind im Anhang aufgeführt.

Bei einem Besuch in Vitry-sur-Seine am 30. April 2025, anlässlich der Eröffnung der Ausstellung „1945 – Vitry libérée – Mémoires de la déportation", erhielt ich von deren Organisatoren, M. Jean-Claude Rosenwald und Mme Myriam Goujjane, wichtige Hinweise auf die Umstände der Verhaftung von Leibus Rosenzweig und die Zwangsverwaltung seines Geschäfts. Diese Erkenntnisse konnten in dieser nunmehr erfolgten Überarbeitung des Buchs berücksichtigt werden.

Die Geschichte der Familie Rosenzweig aus Pińczów zeigt Einzelschicksale, die das Grauen des Holocaust deutlich machen. Dieses Grauen übersteigt unsere Vorstellungskraft. Es begann mit der Diskriminierung, Verfolgung und schließlich Ermordung von Menschen, die sich in ihrem Leben nichts zu Schulden kommen ließen und die ein ganz normales Leben als Angestellte, Handwerker oder Geschäftsleute führten, die liebenswürdige Nachbarn waren, sich in ihrer Gemeinde engagierten, Menschen in Not halfen – und denen manchmal erst durch diese Verfolgung bewusst wurde, dass sie Juden waren. Um uns ihre Personen näher zu bringen, enthält der Text auch zahlreiche Fotos, die diese

Menschen in ihrer täglichen Umgebung zeigen und so den Opfern ein Gesicht geben.

Erst durch das Kennen dieser Einzelschicksale wird uns die ganze Dimension dieses Menschheitsverbrechens des Holocaust bzw. der Shoa bewusst.

Leustetten, im August 2025

I. PIŃCZÓW

Pińczów liegt im Südosten von Polen, in der Woiwodschaft Heiligkreuz („Województwo świętokrzyskie"), ca. 80 km nordöstlich von Krakau und hat heute 11.000 Einwohner. Sie wurde im 14. Jahrhundert um eine Burg herum gegründet und erhielt 1428 vom polnischen König die Stadtrechte verliehen.

Das Schloss und der Ort Pińczów nach einem Kupferstich von 1657

Bekanntheit erhielt der Ort durch seine Rolle während der Reformation Mitte des 16. Jahrhunderts, als dort eine der bedeutendsten calvinistischen Gemeinden existierte, von der 1563 die erste polnische Übersetzung der Bibel erstellt wurde. Im Rahmen der Gegenreformation sorgte der Erzbischof von Krakau aber dafür, dass der Ort wieder katholisch wurde.

Im Laufe der Geschichte unterstand Pińczów wechselnden staatlichen Autoritäten. Nachdem es über Jahrhunderte Teil Polens in seinen verschiedenen Staatsformen war, kam es nach der dritten Teilung Polens 1795 zum Habsburger Reich. Auf dem Wiener Kongress 1815 wurde es schließlich Teil des Königreichs Polen („Kongresspolen"), das in Personalunion vom russischen Zaren als König von Polen regiert wurde. Schließlich wurde Polen völlig in das Zarenreich integriert, obwohl die Bezeichnung „Königreich Polen" formal weiter existierte. In den Urkunden, die später in Frankreich über die Familie ausgestellt wurden, erscheint als Herkunftsland jedoch stets die Bezeichnung „Empire russe".

In der zweiten Hälfte des 19. Jahrhunderts, als Berek und Malka Rosenzweig dort lebten, hatte der Ort ca. 4.000 Einwohner, war also für damalige Verhältnisse eine ansehnliche Kleinstadt. Nunmehr war aber nicht mehr die katholische Religion dominierend, denn ca. 70 % der Bevölkerung waren jüdischen Glaubens, und Pińczów war eines der typischen „Schtetl" Osteuropas. Die gesprochene und geschriebene Sprache seiner Bürger war Jiddisch, eine aus dem Mittelhochdeutschen hervorgegangene Sprache, die von den Juden nach den Pogromen des Mittelalters bei ihrer Auswanderung aus dem Heiligen Römischen Reich nach Osteuropa „mitgenommen" wurde.

Von der bedeutenden jüdischen Kultur dieser Zeit in Pińczów zeugt die um das Jahr 1600 erbaute Synagoge, die zu den ältesten Polens gehört und auch heute noch existiert. Erbaut wurde sie von dem italienischen Architekten Santi Gucci, der am Hofe des polnischen Königs arbeitete und wahrscheinlich in Pińczów verstarb.

In diesem Ort also wurde Berek Rosenzweig im Jahre 1861 geboren. Das genaue Datum kennen wir nicht. Es gibt auch keine Hinweise auf seinen Beruf, aber ein Nachkomme berichtete, dass er wahrscheinlich Zulieferer der örtlichen Schneider war und Haken und Ösen für die Bekleidung

herstellte. Mindestens vier seiner Söhne haben das Schneiderhandwerk erlernt.

Die Synagoge von Pińczów im 19. Jahrhundert

Berek und Malka hatten neun Kinder, sieben Söhne und
zwei Töchter, von denen zwei sehr jung starben:

- Leibus Jukel, geb. am 27. September 1885,
- Fanny Esther, geb. am 10. August 1887,
- Szmul Mendel, geb. am 26. August 1890 und gestorben am
  28. Dezember 1890,
- Josek Lejzor, geb. am 13. Juni 1893,
- Abram Izek, geb. am 16. Mai 1895, gestorben am 18.
  Februar 1900,
- Hersz (Herschel), geb. am 27. Juni 1899,
- Fajgla geb. am 22. Juni 1900,
- Abram Szymon, geb. am 24. Juni 1901,
- Fiszel, geb. am 28. März 1906.

Über ihr Schicksal wird hier noch ausführlich berichtet, soweit wir über Informationen verfügen. Die fünf Söhne, die das Erwachsenenalter erreicht haben, wurden in Auschwitz bzw. Treblinka ermordet. Nur die beiden Töchter Fajgla und Fanny Esther blieben verschont, letztere starb allerdings 1944 eines natürlichen Todes.

Die Familie Rosenzweig muss in Pińczów in sehr bescheidenen Verhältnissen gelebt haben, und wahrscheinlich fanden die Kinder keine Möglichkeit, dort als Schneider ein auskömmliches Leben zu führen. Hierauf verweist die Tatsache, dass alle sieben Kinder den Ort verlassen haben. Fünf wanderten nach Frankreich aus, während Herschel und Abram Szymon nach Łódź gingen.

Dieser Bericht handelt vor allem von Leibus und seiner Frau Rezel, den Eltern von Juliette Kahan, geb. Rosenzweig, den Urgroßeltern meiner Kinder Myriam und Patrick.

II. LEIBUS ROSENZWEIG

Leibus war der älteste Sohn von Berek und Malka. Er wurde vermutlich am 27. September 1885 geboren. Dieses Datum steht in den Archiven von Kielce, wo die Archive von Pińczów aufbewahrt werden; in einigen späteren Dokumenten ist aber auch der 1. November 1884 genannt.

Leibus leistete in der zaristischen Armee seinen Militärdienst ab, der damals vier Jahre dauerte. Sollte er ihn komplett absolviert haben, müsste er also kurz nach 1905 noch in Pińczów gelebt haben. Wie aus dem Foto ersichtlich ist, hat er den Militärdienst weit von der Heimat entfernt an der Wolga in Kasan, der Hauptstadt der heute zur russischen Föderation gehörenden Republik Tatarstan, abgeleistet. Von Pińczów dorthin sind es über 2.000 km!

Vielleicht war diese weit von Kongresspolen entfernte Stationierung auch eine Folge der schweren Konflikte der Polen mit dem zaristischen Russland, die im sog. Januaraufstand der Jahre 1863/64 gipfelten. Auch danach und bis zum Ende des Ersten Weltkrieges waren die Beziehungen zwischen Russen und Polen sehr konfliktgeladen, wobei die Juden sehr darunter zu leiden hatten und häufig Opfer von Pogromen wurden. Sie fanden ihre Höhepunkte 1881 nach der Ermordung von Zar Alexander II., sowie nach der Niederlage Russlands im Krieg gegen Japan 1905. Sie dauerten bis zu Beginn des Ersten Weltkriegs und führten in dieser Zeit zur Auswanderung von etwa 2 Millionen polnischen und russischen Juden, von denen die meisten in die USA gingen.

1. LEIBUS WANDERT NACH ROTTERDAM AUS

Sollte Leibus seinen Militärdienst in der zaristischen Armee im Alter von 17 oder 18 Jahren angetreten und komplett absolviert haben, müsste er direkt danach, also im Alter von etwas über 20 Jahren, Polen verlassen haben. Wir wissen mit Sicherheit, dass er am 17. April 1908 in Rotterdam ankam, also im Alter von etwa 23 Jahren. Dies geht aus seinen eigenen Aufzeichnungen hervor. Zuvor hatte er einige Zeit in Berlin zugebracht.

Seine Tochter Juliette erzählte, dass ihr Vater von Berlin und den Deutschen eine sehr positive Meinung hatte und nach dem Einmarsch der Wehrmacht in Paris 1940 deshalb keine Veranlassung zu einer Flucht sah. Hier erheben sich mehrere Fragen:

- Warum ging Leibus nach Rotterdam? Er sprach sicher kein Niederländisch. Vielleicht hatte er einen Freund, der ihm empfahl, dorthin zu ziehen? Warum blieb er nicht in Berlin, wo es eine große jüdische Gemeinde gab, die Jiddisch sprach? Wir werden es wohl nicht mehr herausfinden.
- Warum trat er 1909, also im Alter von noch nicht 25 Jahren und ein Jahr nach seiner Ankunft in Rotterdam, zum Christentum über und ließ sich taufen? Überzeugt hierzu wurde er von einer Organisation der Judenmission namens „Nederlandsche Vereeniging voor Zending onder Israel" genannt „Elim". Die Taufe erfolgte im Jahre 1909, noch vor seinem 25. Geburtstag. Getauft wurde er dort von einem Pastor namens Zeckhausen, der selbst ein konvertierter Jude war.

Wir kennen diese Details deshalb, weil Leibus – der sich nunmehr Léon nannte – sich 1941 bestätigen ließ, dass er seit 1909 Mitglied der protestantischen Kirche und somit kein Jude sei. Eine entsprechende Bestätigung gibt es auch für seine Frau Rezel, die 1926 zum Christentum übertrat. Leibus glaubte offensichtlich, damit nicht unter die antijüdische Gesetzgebung des Vichy-Regimes und der deutschen Be-satzungsmacht zu fallen und vor Verfolgung geschützt zu sein.

In Rotterdam arbeitete Leibus vor allem als Damenschneider, wie man aus den vielen Fotos, die er damals anfertigen ließ, entnehmen kann. Auffällig dabei ist auch, dass er besonderen Wert auf ein elegantes Auftreten legte und sich in den verschiedensten Posen von professionellen Fotografen ablichten ließ. Er pflegte dort auch eine Reihe von Freundschaften mit offensichtlich eher wohlhabenden Menschen.

2. DIE HEIRAT MIT REZEL SCHER

Wann und wo lernte Leibus Rosenzweig seine zukünftige Frau Rezel Scher kennen? (Der Name erscheint in Dokumenten oft auch als „Szer".) Sie stammte aus der Nähe von Opole Lubelskie, einem Ort 160 km entfernt von Pińczów, wo sie am 7. März 1885 geboren wurde. Sie können sich also nicht in Polen schon gekannt haben. Vielmehr erscheint es als sicher, dass sie sich in Paris kennenlernten, da die beiden Schwestern von Rezel, Hélène und Dora, dort wohnten. Diese Begegnung fand spätestens im Frühjahr 1910 statt, denn am 5. Februar 1911 wurde in Paris ihre Tochter Juliette geboren.

Warum aber fuhr Leibus nach Paris? Er hatte offensichtlich nicht die Absicht, dorthin umzuziehen, da er noch mehrere Jahre, bis Mai 1920, in Rotterdam blieb. Im „schwarzen Koffer" findet sich ein Beleg über eine Mietvorauszahlung für eine Wohnung in der N° 26 Boulevard de la Chapelle im 18. Arrondissement von Paris für die Zeit vom 8. April bis 2. Juli 1910. In dieser Zeitspanne sind sich Leibus und Rezel offensichtlich sehr nahe gekommen.

Rezel Scher als junge Frau

Die Geburt eines nicht ehelichen Kindes wäre für die Familie Scher eine große Schande gewesen, weshalb sie auf eine Heirat drang. Am 17. Juni 1910 wurde das Aufgebot bestellt, und am 9. Juli desselben Jahres fand im Rathaus des 18. Arrondissements von Paris die Hochzeit statt. Trauzeugen waren nicht die Schwestern Hélène und Dora, sondern deren Ehemänner bzw. Schwäger, Samuel und Paul Goldenberg sowie Salomon und Daniel Lichtenberg. Da Leibus zum Christentum übergetreten war, empfanden die Verwandten diese Ehe wohl als peinlich und vielleicht auch ärgerlich.

Bemerkenswert ist, dass es von der Hochzeit bzw. dem Hochzeitspaar keine Fotos gibt, obwohl Leibus sich leidenschaftlich gerne ablichten ließ. Im „schwarze Koffer" befand sich auch keine Hochzeitsurkunde oder überhaupt ein Hinweis auf die Eheschließung oder gar auf eine Zeremonie in der Synagoge.

Das erste amtliche Dokument im „schwarzen Koffer", in dem eine Heiratsurkunde erwähnt wird, datiert vom 9. Mai 1924, als die Eltern die französische Staatsangehörigkeit für ihre Tochter beantragten und hierzu ihre Heiratsurkunde vorlegen mussten.

Und es gibt noch eine andere seltsame Geschichte: Juliette berichtete in einem langen Gespräch 1999 mit ihrer Enkelin Myriam über den Plan, Rezel einige Zeit nach der Geburt der Tochter mit einem Bäcker zu verheiraten. Dieser Plan wurde zwar nicht umgesetzt, aber er zeigt, dass die ehelichen Beziehungen mit Leibus nicht sehr eng waren und man an eine Scheidung dachte.

Leibus zeigte im Übrigen eine sehr seltsame Einstellung gegenüber seiner Frau. Wie Juliette berichtete, hatte ihr Vater ihr Vorhaltungen gemacht, weil sie mit ihm eine sexuelle Beziehung eingegangen war, ohne mit ihm verheiratet zu sein! Man ist sprachlos!

3. DIE GEBURT DER TOCHTER JULIETTE

Wie erwähnt, blieb Leibus nach der Eheschließung noch einige Jahre in Rotterdam. Wie die Tochter Juliette berichtete, wollte ihre Mutter nicht nach Rotterdam umziehen, sondern bei ihren Schwestern in Paris bleiben.

Der Grund muss wohl in den etwas seltsamen Beziehungen zwischen Leibus seiner Frau gelegen haben. Die Tochter Juliette blieb auch nicht bei ihrer Mutter, sondern verbrachte die ersten neun Jahre ihres Lebens, also bis in die Mitte des Jahres 1920, bei einer Pflegefamilie namens Bossert in Château-Thierry, wo die Bosserts eine Wohnung hatten und Juliette vor Beginn des 1. Weltkriegs in den Kindergarten, die „Ecole maternelle", kam. Später wohnten sie in Reuil, einem kleinen Dorf an der Marne, 15 km von Epernay entfernt, das der eigentliche Wohnort der Bossert war.

Das Foto zeigt die dreijährige Juliette mit Georgette Bossert, der Tochter von Marie Bossert, der Pflegemutter.

Georges und Marie Bossert, geb. Naudé, wurden für Juliette „Pépère et Mémère", also Opa und Oma, und der Bruder von Marie Bossert, Eugène Naudé, war für sie zeitlebens „l'Oncle Eugène". Juliette war Teil der Familie Bossert/Naudé und ihre Aufnahme dort war von einer solchen Herzlichkeit, wie sie auch in einer leiblichen Familie nicht größer hätte sein können. Ja, die familiären Bindungen waren so groß, dass Marie Bossert - Mémère - zur Familie Rosenzweig in Vitry-sur-Seine zog, nachdem ihr

Mann 1937 gestorben war. Dort blieb sie bis zu ihrem Tode im Januar 1947. Doch dazu später.

Das nebenstehende Foto wurde 1937, kurz vor dem Tod von Georges Bossert aufgenommen, als Juliette mit ihrem Sohn Henri Bernard „Pépère und Mémère" in Reuil besuchte.

Georges Bossert betrieb auf der Marne ein Baggerschiff, um den Fluss schiffbar zu erhalten. Er baggerte also den Sand bzw. Kies aus dem Fluss und deponierte ihn dann an verschiedenen Stellen am Flussufer. Juliette verbrachte in ihrer Kindheit viele Stunden auf dem Schiff und erlebte diese Zeit als ein großes Abenteuer. Sie war für sie später eine romantische Erinnerung an ihre Kindheit, und man muss sich Juliette als ein phantasievolles, träumerisches Kind vorstellen, das intensiv die Natur beobachtete und sich in seiner Phantasie tanzende Elfen auf den Wiesen des Tales der Marne vorstellte.

Als Juliette schulpflichtig wurde, besuchte sie Schulen in Château-Thierry, Vitry-le-François, Couvrot und Magenta, einem Vorort von Epernay. Auch wenn es sich bei einer oder zwei dieser Schulen wahrscheinlich um „Ecoles maternelles" handelte, verwundert dieser häufige Schulwechsel innerhalb von neun Jahren doch sehr.

4. LEIBUS ROSENZWEIG SIEDELT NACH PARIS UM

Im Mai 1920 zieht Leibus nach Paris um. Über den wahren Grund wissen wir nur wenig. Seine Tochter Juliette berichtete ihrer Enkelin Myriam in dem Gespräch 1999, dass ihr Vater über all die Jahre in Kontakt mit ihr geblieben sei und dass er sie auch einige Male in der Champagne besucht habe. Ebenso hätten die Pflegeltern Bossert zusammen mit Juliette öfters die Mutter in Paris besucht. Es ist also wahrscheinlich, dass Leibus und Rezel einfach versuchten, doch zueinander zu finden und – auch wegen ihrer Tochter – ein gemeinsames Leben zu wagen. Vielleicht hat hierzu auch die Frömmigkeit beigetragen, zu der er wohl in Rotterdam über die Judenmission gefunden hat. Er war eng befreundet mit dem dortigen Leiter der Mission, Joseph Kal-man, der selbst ein konvertierter Jude war. Nach den Unterlagen zu urteilen, erfolgte sein Übertritt zum Christentum also nicht aus pragmatischen Gründen, sondern aus wirklicher Überzeugung. Darauf verweist auch seine spätere, sehr aktive Mitarbeit in die Gemeinde der „Alliance évangélique universelle" in Vitry-sur-Seine. Diese evangelikale Gemeinde

existiert auch heute noch.

In Paris eröffnete Leibus ein Bekleidungsgeschäft in der N° 5, Rue Beaugrenelle, im 15. Arrondissement von

 Paris, unweit der Seine und des Eiffelturms. Er hatte dort ein kleines Geschäft erworben und nannte sich jetzt „Léon Rozen", wobei der zweite Teil des Namens „cwaig" klein auf der Visitenkarte, nicht aber auf der Tür des Geschäfts erscheint.

Auf dem Foto, das vor seinem Geschäft aufgenommen wurde, posiert er stolz mit seiner Tochter und seiner Mutter Malka. Wahrscheinlich wurde das Foto von seiner Frau aufgenommen, denn die anderen Personen sind die Schwester von Rezel, Dora, mit deren Tochter, die ebenfalls Juliette hieß, sowie der Ehemann von Dora namens Lichtenberg, einem der Trauzeugen von 1910.

Leibus – nunmehr Léon – ist in Paris sofort sehr aktiv in einer Vereinigung der Modebranche. So sehen wir ihn auf verschiedenen Fotos mit vielen Menschen, die offensichtlich an einer Versammlung teilgenommen haben. Auf dem Foto auf der folgenden Seite stehen sie vor einem Modegeschäft, und Léon posiert stolz als Dritter von links in strammer Haltung mit seinem Regenschirm.

Er muss in diesem Verein auch sehr erfolgreich gewesen sein, denn bereits im Mai 1925, also knapp fünf Jahr nach seiner Übersiedlung nach Paris, erhielt er von der „Académie

Internationale de Coupe" ein Ehrendiplom. Es zeichnete ihn für seine Herrenschnitte aus, was darauf hinweist, dass er sich nicht mehr nur auf Damenmoden spezialisiert hatte. Seinen

Namen schreibt er jetzt „Rosenzweig", denn das „cwajg" war die Endung der polnischen Version seines Namens.

Léon wird in der Rue Beaugrenelle aber nur drei Jahre bleiben.

5. DIE FAMILIE FINDET ZUSAMMEN

Ab dem Herbst 1920 lebt die Familie also vereint in Paris. Juliette musste ihre Pflegeeltern Bossert verlassen, was sie als

eine persönliche Katastrophe empfand. Sie liebte ihre Pflegeeltern über alles, und ihre leiblichen Eltern waren für sie fremde Menschen. Wie sie berichtete, weinte sie fünf Jahre lang und konnte sich erst im Alter von etwa 15 Jahren mit ihrem Schicksal abfinden.

Auch in den folgenden Jahren blieb sie aber in engem Kontakt mit ihrer Pflegefamilie, und „Mémère" zog, wie berichtet, 1938 nach dem Tod ihres Mannes sogar zur Familie Rosenzweig nach Vitry-sur-Seine. Juliette war auch für sie wie eine Tochter, und vielleicht wurde diese enge Bindung auch dadurch verstärkt, dass ihr eigener Sohn Lucien 1912 im Alter von 22 Jahren bei einem Unfall während seines Militärdienstes ums Leben kam.

Als die Familie wieder vereint war, wurden zahlreiche Fotos erstellt. Es ist bemerkenswert, dass die Mutter auf keinem dieser Fotos lächelt. Jedenfalls macht sie nie einen fröhlichen und glücklichen Ein-druck. Léon sieht man darauf meist als Patriarchen mit gravitätischem Blick.

Das Geschäft in der Rue Beaugrenelle war nicht sehr erfolgreich. Jedenfalls beschloss Léon 1923, nach nur drei Jahren, das Geschäft zu verkaufen und in eine der Vorstädte zu ziehen, nach Vitry-sur-Seine, im Süden von Paris. Er fand dort ein kleines Holzhaus mit zwei Zimmern in der Rue Vaillant, Nahe dem „Port à l'Anglais". Das Haus erwies sich aber als eine Fehlinvestition. Es war weit vom Geschäftszentrum der Stadt entfernt und wurde sehr bald durch ein Hochwasser schwer beschädigt. Juliette besuchte nun die Ecole Montesquieu in Vitry, nachdem sie zuvor die Ecole St. Charles, in der Nähe der Rue Beaugrenelle, besucht hatte.

Damals arbeiteten Leibus und Rezel für ein Unternehmen der Textilindustrie. Sie verließen morgens um 6.00 Uhr das Haus, um die Aufträge entgegenzunehmen und mussten am Abend die in Akkordarbeit fertiggestellten Arbeiten wieder abliefern. Während dieser Zeit erledigte die kleine Juliette, wenn sie aus der Schule zurückkam, die häuslichen Arbeiten und machte danach ihre Hausaufgaben für die Schule. Es war ein hartes Leben!

Aber zumindest gab es jetzt ein Familienleben der Rosenzweig. Man wurde mehr und mehr Teil der Gemeinde von

Vitry-sur-Seine, erfreute sich an der Fröhlichkeit des Frühlingsfestes „Fête des Lilas" und machte am Sonntag Ausflüge aufs Land. Das nebenstehende Bild zeigt die

Familie bei einem solchen Ausflug. Wie Juliette berichtet, trugen sie in ihren Taschen eine Bibel, die sie bei dieser Gelegenheit gemeinsam lasen.

6. DAS GESCHÄFT IN DER N° 113 RUE DU CHEMIN-DE-FER IN VITRY-SUR-SEINE

Diese Situation der Heimarbeit war nicht länger tragbar, und deshalb suchte Leibus nach einem Wohnobjekt, das ihm wieder die Möglichkeit der Selbständigkeit eröffnete. Schließlich kaufte er im September 1924 ein kleines Grundstück in der Rue du Chemin-de-Fer, die einige Jahre später nach dem 1937 verstorbenen Chefredakteur der kommunistischen Parteizeitung „L'Humanité", Paul Vaillant-Couturier, benannt wurde. Dort errichtete er zwei Jahre später ein

kleines Haus, das zunächst nur ein Erdgeschoss mit einem Ladengeschäft und einer kleinen Wohnung umfasste.

Leibus betrieb dort ein Textilgeschäft, in dem er Damen- und Herrenoberbekleidung – und vor allem auch Arbeitskleidung verkaufte. Bald bot er dort auch Maßanfertigungen an, kehrte also in seinen eigentlichen Beruf zurück. Das Foto wurde wahrscheinlich um das Jahr 1930 aufgenommen. Es zeigt ihn mit seiner Frau und der Tochter Juliette, die darauf knapp 20 Jahre alt sein dürfte.

In diese Zeit fällt eine sehr wichtige Entscheidung der Eltern: sie beantragten am 9. Mai 1924 für ihre Tochter Juliette die französische Staatsangehörigkeit, die sie bald auch erhielt. Sie war damals 13 Jahre alt. Es war für die Eltern wohl zu früh, für sich auch die französische Staatsangehörigkeit zu beantragen, wohnte Leibus doch erst seit vier Jahren in Frankreich. Aber selbst als Franzosen wären Leibus und Rezel nicht mit Sicherheit vor ihrem späteren Schicksal bewahrt worden.

Juliette schloss mit 15 Jahren die Schule ab und begann nun eine Berufsausbildung als Büroangestellte. Hierzu ging sie in eine Berufsschule nahe der Pariser Oper und arbeitete gleich-zeiti in einer Niederlassung des Verlagshauses Hachette. Später nahm sie in einem Großhandelsgeschäft für Schnüre und Seile in der Rue Vieille du Temple eine Stelle an, wo sie für die Buchhaltung und die Korrespondenz zuständig war. Die Arbeit bereitete ihr große Freude, zumal sie in dem Unternehmen wie ein Mitglied der Familie behandelt wurde. Daneben half sie auch noch im elterlichen Geschäft aus, wenn sie abends nach Hause kam.

Im Jahre 1930, Juliette war nun 19 Jahre alt, wurde sie von ihren Eltern eindringlich gebeten, in ihrem Geschäft als Verkäuferin zu arbeiten und die Buchhaltung zu übernehmen. Als folgsame Tochter konnte sie diese Bitte nicht ablehnen, auch wenn sie ihr nur schweren Herzens nachkam.

Nun ist es nicht einfach, mit einem neu eröffneten Bekleidungsgeschäft gleich Gewinne zu erwirtschaften. Deshalb beschloss Leibus bzw. Léon Rosenzweig, auch die beiden Wochenmärkte von Vitry-sur-Seine zu beschicken. Hierfür bot sich vor allem die Arbeitskleidung an („Blauer Anton"). Juliette ging ab 1932 also mit einem Holzkarren auf den Markt, und nach einiger Zeit erzielte sie auch genügend Umsatz, so dass sich das Geschäft lohnte. Außerdem konnte sie auf diese Weise Kunden für das Geschäft des Vaters gewinnen. Jedenfalls hatte sie große Freude an ihrer Arbeit

Dieses Foto aus dem Jahre 1935 und zeigt Juliette mit ihrem Freund Léon Kahan auf dem Fest der Händler in der dritten Reihe auf der rechten Seite.

auf dem Markt. In ihren Erinnerungen malte sie in den schönsten Farben die Zeit mit den anderen Händlern des Marktes aus und berichtete über das gesellige Leben, das sie zusammen führten.

Jedes Jahr fand ein großes Fest aller Händler statt, (siehe Foto auf der vorherigen Seite). Einmal kam auch der Vorsitzende der kommunistischen Partei Frankreichs, Maurice Thorez, zu einer Feier. Hierauf war Juliette besonders stolz.

7. JULIETTE LERNT IHREN ZUKÜNFTIGEN MANN KENNEN

Bei einem Wochenmarkt auf der Place de l'Eglise in Vitry-sur-Seine lernte Juliette eines Tages einen jungen Mann kennen, der Hüte verkaufte. Er hieß mit Vornamen Léon, wie ihr

Vater, und erwies sich nicht nur als sehr engagierter Verkäufer, sondern auch als liebenswürdiger und hilfsbereiter Kollege. Er trug den sehr jüdischen Familienname Kahan und gehörte damit zu den „Kohanim", einer Priesterkaste der frühen Israeliten, die sich als Nachkommen von Aaron, dem Bruder von Moses verstanden und für den Tempeldienst zuständig waren.

Interessant ist hierbei auch die Tatsache, dass sie auf diesem Weg ihre Beziehung zum Judentum wieder herstellte, eine Beziehung, die durch den Übertritt ihrer Eltern zum Christentum eigentlich verloren war.

Sie freundete sich jedenfalls mit diesem Léon an. Sie gingen miteinander aus, entwickelten eine große Zuneigung zueinander, und nach einigen Missverständnissen kamen auch die Eltern von beiden überein, dass sie heiraten sollten. Die Hochzeit fand am 23. Januar 1936 im Rathaus von Vitry-sur-Seine statt, kurz vor dem 25. Geburtstag von Juliette. Es muss ein großes Fest gewesen sein, worauf auch das Foto hinweist, auf dem das Brautpaar, zusammen mit den Eltern und der Großmutter Malka, abgebildet sind.

Von links nach rechts: der Vater Ruben Kahan und seine Frau Sarah geb. Grünberg, das Brautpaar, Leibus Rosenzweig, seine Mutter Malka geb. Kornblum und Rezel geb. Scher.

Die Frage der religiösen Trauung bildete ein nicht geringes Problem, da die Eltern von Juliette zum Christentum übergetreten und die Eltern von Léon gläubige Juden waren. Sie stammten ursprünglich aus Pinsk in Weißrussland, dem Ort mit einer der größten jüdischen Gemeinden in Russland. Das Problem wurde dadurch gelöst, dass ein Rabbiner zur Hochzeitsfeier kam und dort ein Gebet sprach.

Auch die Frage, wo das junge Brautpaar wohnen sollte, wurde bald geklärt. Man einigte sich darauf, dass sie in der Nähe der Eltern von Juliette wohnen sollten, damit Juliette weiterhin in deren Geschäft mitarbeiten konnte. Léon konnte ebenfalls seiner bisherigen Tätigkeit nachgehen und auf den Märkten seine Hüte verkaufen. Das junge Brautpaar mietete also zunächst eine Wohnung in Vitry-sur-Seine, nur wenige Meter vom Geschäft der Rosenzweig entfernt. Aber sehr bald machte Léon Kahan den Vorschlag, das Geschäft in der Rue du Chemin-de-Fer um ein Stockwerk zu erhöhen, wozu er selbst die finanziellen Möglichkeiten schuf. Der Bau war im Mai 1938 vollendet, und so zog das junge Ehepaar in das Haus der Eltern von Juliette ein.

In der Zwischenzeit, am 22. Mai 1937, war ihr erstes Kind zur Welt gekommen. Sie gaben ihm den Namen Henri Bernard, aber man nannte ihn später nur Bernard. Das Leben ging weiter wie zuvor: die Eltern von Juliette kümmerten sich um ihr Geschäft, und Léon besuchte weiter die Märkte mit seinen Hüten.

Die glücklichen Eltern und Großeltern

8. DIE FAMILIE KAHAN

Die Kahan stammten aus Pinsk in Weißrussland, das damals Teil des Zarenreichs war. Ende des 19. Jahrhunderts zählte die Stadt 20.000 Einwohner, von denen 80 % jüdischen Glaubens waren. Pinsk war damals die Stadt mit dem höchsten Anteil an jüdischer Bevölkerung im zaristischen Russland und ein Zentrum des Chassidismus, einer mystischen Strömung des ultra-orthodoxen Judentums.

Der Vater von Léon, Ruben Kahan, wurde 1871 als Sohn von Itzko Kahan und seiner Ehefrau Sarah Zipperstein geboren. Die Mutter, Sarah Grünberg, wurde 1880 als Tochter von David Grünberg und seiner Ehefrau Henriette

Zipperstein geboren. Ihre genauen Geburtsdaten sind nicht bekannt.

Ruben Kahan und seine Frau Sarah hatten im April 1902 Russland verlassen, als sie 31 bzw. 22 Jahre alt waren. Die Gründe hierfür dürften ebenfalls in den zahlreichen Pogromen der damaligen Zeit liegen. Nach einem Dokument vom 14. Januar 1924, mit dem sie die französische Staatsangehörigkeit für sich und ihre Kinder beantragten, gaben sie an, vier Kinder zu haben, die in Paris geboren wurden:

- Michel, geb. am 8. Februar 1905,
- Anna, geb. am 29. Dezember 1908,
- Léon, geb. am 28. Juli 1910 und
- Gustave, geb. am 18. Juni 1913.

Diese Angaben stehen im Widerspruch zu einem Auszug aus dem Register der Polizeipräfektur des Departements Seine vom Jahre 1908, also sechs Jahre nach ihrer Übersiedlung nach Frankreich. Dort werden auch zwei Töchter erwähnt, die in Pinsk geboren wurden:

- Léa, geboren 1900 und
- Enta, geboren 1902.

Als Ruben Kahan 1924 die französische Staatsange-hörigkeit beantragte, nannte er nur die in Frankreich geborenen Kinder. Es ist rätselhaft, warum er dies tat. Was immer auch der Grund gewesen sein mag: wahrscheinlich hat ihre französische Staatsbürgerschaft mit dazu beigetragen, dass sie von der Deportation verschont blieben. Als 1942 die Razzien und Deportationen begannen, waren zunächst nur die ausländischen bzw. staatenlosen Juden die Opfer. Am Ende des Krieges waren von den 76.000 deportierten Juden 50.000 Ausländer oder Staatenlose. 90 % der französischen Juden, aber nur 60 % der nicht-französischen Juden, hatten überlebt.

Ein anderer wichtiger Grund dafür, dass die Kahan nicht verhaftet und deportiert wurden, dürfte gewesen sein, dass sie sich nicht in die Liste der jüdischen Einwohner von Paris eintragen ließen, wie sie von der Pariser Präfektur erstellt wurden. (Siehe Kapitel III.) Wenn die Familie Kahan die Eintragung in diese Liste verweigerte, ging sie ein großes Risiko ein. Wäre dies aufgedeckt worden, hätte dies mit einiger Sicherheit zu ihrer Verhaftung und Deportation geführt. Aber es gibt wohl noch einen anderen Grund. Vielleicht dachten die Deutschen, dass sich in diesem einfachen Stadtviertel, in dem die Kahan lebten, keine Juden aufhielten. In jedem Falle blieben die Kahan von der Judenverfolgung verschont. Der Vater Ruben war Schuh-macher und lebte mit seiner Familie in der Rue Broca Nr. 81, im 13. Arrondissement von Paris. An dieser Stelle steht heute aber ein modernes, mehrstöckiges Haus.

Die älteste Tochter Léa, die 1900 noch in Pinsk zur Welt gekommen war, heiratete Baruch Podgajetz, mit dem sie zwei Töchter bekam: Rachel, geboren 1920, die während der deutschen Besetzung Frankreichs in einem Nonnenkloster versteckt wurde. Nach dem Kriege blieb sie im Kloster und wurde selbst Nonne unter dem Namen „Sœur Marie-Agathe". Die zweite Tochter Paulette, geboren 1922, heiratete Jean Lahaye und führte später gemeinsam mit ihrer Tochter Nicole ein Restaurant beim „Château de Bonaguil" im Périgord. Sie starb hundertjährig im Frühjahr 2022. Die Tochter Enta nannte sich später Henriette und heiratete Henri Eidelmann, mit dem sie einen Sohn namens André hatte. Sie war oft zu Besuch bei ihrem Bruder Léon in Vitry-sur-Seine. Dabei erzählte sie auch, dass sie nur einen „Nansen-Pass" hatte, also nicht französische Staatsbürgerin war. Sie sei mit ihrem Mann während des Krieges in einer Razzia verhaftet worden, dann aber wieder freigekommen. Die Details dieser Geschichte sind leider nicht bekannt.

Michel, das erste in Paris im Jahre 1905 geborene Kind der Familie Kahan, emigrierte vor dem Krieg in die USA. Er bekam zwei Kinder, die noch in Paris geboren sind: den Sohn Simon David, geboren 1931, der 1961 in New York Joan Michelle Gallubier heiratete, und die Tochter Renée, die 1962 Murray Trachtenberg heiratete. Die Nachkommen der Familie Kahan leben heute in New York oder in der näheren Umgebung.

Das jüngste der Kinder von Ruben und Sarah Kahan, war der am 18. Juni 1913 in Paris geborene Gustave. Er verbrachte dort sein ganzes Leben, heiratete, hatte aber keine Kinder.

Ruben Kahan starb am 14. Oktober 1938 in Paris. Seine Frau Sarah hat ihn um 26 Jahre überlebt und starb am 17. März 1964 in Vitry-sur-Seine. Dort verbrachte sie die letzten Jahre ihres Lebens bei ihrem Sohn Léon.

Die Familie Kahan im Jahre 1912; Léon sitzt auf dem Schoß der Mutter. Gustave kam im folgenden Jahr zur Welt.

42

III. DER ZWEITE WELTKRIEG UND DIE BESETZUNG FRANKREICHS

1. LÉON KAHAN WIRD SOLDAT UND GERÄT IN GEFANGENSCHAFT

Dann kam das Jahr 1939. In der allgemeinen Krisen-stimmung wurden die Reservisten des 24. Infanterieregi-ments, unter ihnen auch der Caporal Léon Kahan, am 26. August einberufen. Léon blieb zunächst in einer Kaserne in Paris und wurde am 17. September an die Front im Elsass geschickt, wo er in einem Bunker der Maginot-Linie Stellung bezog. Der Standort seiner Kompanie war Gambsheim, eine kleinen Gemeinde nördlich von Straßburg. Juliette hatte ihn zum Bahnhof begleitet und erlebte die Trennung von ihrem geliebten Ehemann als einen sehr schmerzlichen Moment.

Die Erzählungen über den Horror des Ersten Weltkriegs waren ihr noch sehr präsent, und nunmehr wurde Deutschland zudem noch von einem Mann regiert, der mit seinen Hasstiraden, speziell gegen die Juden, großen Schrecken verbreitete.

Léon schrieb seiner Frau jeden Tag einen Brief. Es ist bewegend, diese Briefe heute mit all den romantischen Liebeserklärungen zu lesen. Hier einige Beispiele, die man nur ungern übersetzen sollte. „Tu m'apporte cette joie de vivre, ah, chère femme pourquoi être si loin de toi ? Je ne peux me passer de toi, tes paroles font déborder mon cœur, qui se joint au tiens…" oder : „Tu me manques dans ma vie journalière et j'apaise mon cœur par tes gentilles lettres… En cet instant je contemple ton doux visage si frais, je ne t'ai jamais vue si belle que maintenant. Quelle joie tu me procures !" Léon erschien mir eigentlich immer als ein nüchtern denkender und handelnder Mensch. Diese Leidenschaft und Intensität der Gefühle, die Kunst, diese auch sprachlich auszudrücken, hätte ich bei ihm nicht vermutet.

Als am 10. Mai 1940 die Offensive der deutschen Armeen im Westen begann, blieb es im Elsass zunächst ruhig. Die wichtigsten Stoßrichtungen der Wehrmacht erfolgten über Belgien und die Ardennen, so dass die Besatzungen der Bunker im Elsass keine Feindberührung hatten. Erst gegen Ende des Feldzugs, am 15. Juni, wurde auch das Elsass Kriegsschauplatz. Die Wehrmacht überquerte südlich von Straßburg, bei Marckolsheim, den Rhein und stieß in wenigen Tagen nach Straßburg vor, das am 19. Juni erreicht wurde.

Kurz danach wurde wohl auch Gambsheim erobert, ohne dass es dabei zu Kämpfen gekommen ist. Solche hätten auch keinen Sinn mehr gehabt, da der neue Regierungschef Marschall Pétain bereits am 17. Juni verkündet hatte, dass die französische Armee ihre Kampfhandlungen einstellen werde. Er tat dies fünf Tage vor dem 22. Juni, an dem der Waffenstillstand von Compiègne unterzeichnet wurde. Wie sollten nach dieser Rede die Soldaten noch weiterkämpfen? Das Chaos hätte dadurch nicht größer sein können. Marschall Pétain, der Verteidiger von Verdun im Ersten Weltkrieg, war bei seiner Amtsübernahme schon 84 Jahre alt und bedachte wohl nicht die Tragweite seiner Rede.

Léon geriet am 24. Juni in Urmatt im Elsass in Gefangenschaft und wurde in Saverne, 50 km nordwestlich von Straßburg, interniert. Mehrer Wochen lang hatte Juliette keine Nachricht von ihrem Mann, und erst am 28. Juli 1940 erhielt sie vom Roten Kreuz die Information über die Gefangenschaft ihres Léon und dass es ihm relativ gut ging. Briefe konnten jetzt nicht mehr so leicht geschrieben werden, und so mussten sie sich mit dem Austausch von vorgefertigten Kurznachrichten begnügen.

2. DAS CHAOS DES „EXODE" AUS PARIS

Der Vormarsch der deutschen Truppen führte auch in Paris bzw. in Vitry-sur-Seine zu dem unbeschreiblichen Chaos, das als „Exode" in die Geschichte einging. Anfang Juni war es offensichtlich, dass die Wehrmacht auch bald in Paris sein würde. Etwa zwei Millionen Menschen flüchteten ab Anfang

Juni mit allen möglichen Transportmitteln aus der Stadt und ihren Vororten, da der deutschen Wehrmacht der Ruf vorauseilte, Massaker unter der Bevölkerung anzurichten. Zu solchen war es bereits in der Gegend von Dünkirchen gekommen.

Auch Juliette, die kurz zuvor den Führerschein erworben hatte, entschloss sich zur Flucht und packte ihre Familie in das Auto ein: ihre Eltern, die bald 80-jährige und halb blinde Großmutter Malka Kornblum, die gleichaltrige „Mémère" und den dreijährigen Henri Bernard. Anfangs begleitete sie auf der Flucht noch ein Nachbar, der zu seinem schon geflohenen Sohn gelangen wollte.

Auf den Straßen ging es drunter und drüber, und es herrschte ein unvorstellbares Chaos. Die Flüchtlinge behinderten die französischen Truppen, die auf dem Weg zur Front oder selbst auf der Flucht waren. Dazu kamen noch die Angriffe durch die deutsche Luftwaffe, die zu zahlreichen Toten und grauenvollen Szenen auf den Straßen führten.

Nach drei Tagen erreichte Juliette mit ihrer Familie unverletzt den Ort Ouzouer-sur-Loire, etwa 160 km von Vitry-sur-Seine entfernt und unweit von Orléans. Dort wurden sie am 16. Juni von den deutschen Truppen eingeholt.

Es gab nun kein Weiterkommen mehr, und die Geflüchteten wurden aufgefordert, nach Hause zurückzukehren. Ein Problem für Juliette war, dass sie kein Benzin mehr hatte. Ein deutscher Soldat half ihr, indem er aus dem Tank seines Fahrzeugs mittels eines Schlauches ihren Tank wieder auffüllte. Auch auf der Rückfahrt erfuhr sie Hilfe durch einen deutschen Soldaten, als das Fahrzeug Öl verlor. Zu Hause angekommen erhielten sie die Aufforderung, ihr Geschäft wieder zu öffnen, so dass sehr schnell der normale Alltag einkehrte.

Die ersten persönlichen Begegnungen mit den deutschen Soldaten waren also keinesfalls von unmittelbarer Gewalt geprägt. So blieb es auch in den Wochen danach, als deutsche Soldaten in ihr Geschäft kamen, um bestimmte Waren zu kaufen, wie z.B. Seidenstrümpfe. Hatte also Leibus doch recht, wenn er daran erinnerte, dass er mit den Deutschen damals in Berlin nur positive Erfahrungen gemacht hatte? Die Rosenzweig konnten sich also kaum vorstellen, welche Entwicklung die Beziehungen mit der Besatzungsmacht bald nehmen sollten.

3. NACH DEM WAFFENSTILLSTAND – ERSTE ANTIJÜDISCHE GESETZE

Nach dem am 22. Juni 1940 in einer Waldlichtung bei Compiègne unterzeichneten Waffenstillstand wurde Frankreich in zwei Zonen eingeteilt, die besetzte Zone, die „Zone occupée" und die unbesetzte Zone, die „Zone libre".

Zwar galt die französische Souveränität theoretisch auch in der besetzten Zone, dennoch hatte dort die französische Verwaltung den Anweisungen der Besatzungsmacht Folge zu leisten. Die französische Regierung unter dem 84-jährigen Marschall Pétain – er war seit dem 16. Juni Regierungschef – nahm am 1. Juli ihren Sitz in Vichy, da in dieser Bäderstadt genügend Hotels zur Verfügung standen, um die Ministerien und Behörden unterzubringen. Außerdem gab es dort ein Casino mit einem großen Saal, in dem die Nationalversammlung, also die Abgeordneten und Senatoren, Sitzungen abhalten konnten. Am 10. Juli trat sie zusammen und übertrug in einem Verfassungsgesetz Marschall Pétain mit 569 gegen 80 Stimmen, bei 20 Enthaltungen und 176 abwesenden Abgeordneten, alle exekutiven und legislativen Vollmachten.

Am selben Tag erließ Pétain ein Verfassungsgesetz, mit dem er sich zum „Chef de l'État français" erklärte, womit auch der Begriff der „République française" verschwand. Ferner wurden die Sitzungen der beiden Kammern, des „Sénat" und der „Chambre des députés", auf unbestimmt Zeit vertagt. Zwar sollte eine neue Verfassung ausgearbeitet und dem Volk in einem Referendum vorgelegt werden; dies geschah jedoch nie. Frankreich war nun ein autoritärer Staat und der Parlamentarismus abgeschafft. Die Devise der Republik „Liberté, Egalité, Fraternité!" wurde ersetzt durch „Travail, Famille, Patrie".

In Vichy bestimmte nunmehr die alte antirepublikanische Rechte die Politik mit dem Ziel einer „Nationalen Revolution". Eine wichtige Grundlage dieser „Revolution" war der Antisemitismus, der in Frankreich eine lange Tradition hatte und sich ganz besonders gegen die Juden ohne französische Staatsangehörigkeit richtete. Dies waren vor allem jene, die aus Polen bzw. dem Zarenreich Anfang des Jahrhunderts geflohen waren – wie die Familie Rosenzweig. In Frankreich lebten zu diesem Zeitpunkt etwa 330.000 Juden, davon waren etwa 190.000 bis 200.000 französische Juden und 130.000 bis 140.000 ausländische Juden. (Zahlen aus: Serge Klarsfeld, Vichy-Auschwitz, S. 357 ff.)

So zeigte „Vichy" wenig Widerstand gegen die Maßnahmen der deutschen Besetzung gegen die Juden, vor allem dann, wenn sie nur die ausländischen Juden betraf. Welches waren diese Maßnahmen?

Als erstes wurden von der deutschen Besatzungsmacht die Juden des Elsass und des lothringischen Departement

Moselle am 1. Juli 1940 ausgewiesen und mussten in die freie Zone flüchten. Dies betraf den Bruder von Leibus Rosenzweig, Josek, der mit seiner Familie in Colmar lebte, wo er ein Bekleidungsgeschäft unterhielt, (siehe Kapitel über Josek), sowie die Schwester Fajgla Tatarkowski mit ihrem Sohn Bernard.

Danach wurde, mit dem ersten „Judenstatut" vom 27. September 1940, das Leben für die Juden in der besetzten Zone dramatisch eingeschränkt:

- Bereits ab September 1940 musste auf dem Schaufester der Geschäfte von Juden ein Schild angebracht werden mit der Aufschrift „Juif". Diese Maßnahme traf auch Leibus Rosenzweig mit seinem Geschäft in Vitry-sur-Seine.
- Ab dem 28. Mai 1941 hatten die Juden keinen Zugriff mehr auf ihre Bankkonten, und ihre Unternehmen wurden einem externen Verwalter unterstellt. Auch diese Maßnahme betraf das Geschäft von Leibus.
- Ab August 1941 durften Juden kein Radio und keinen Telefonanschluss mehr besitzen.
- Mit der deutschen Verordnung vom 17. Dezember 1941 mussten die Juden eine Strafzahlung von 1 Milliarde Francs aufbringen.
- Mit der Verordnung vom 7. Februar 1942 herrschte für die Juden Ausgangssperre von 20 Uhr bis 6 Uhr morgens. Sie durften auch nicht mehr ihren Wohnort verlassen, eine Bestimmung, die Leibus zum Verhängnis werden sollte.
- Ab Juni 1942 mussten alle Juden über 6 Jahre den gelben Stern tragen. In der Metro und den Bussen mussten sie sich in den letzten Wagen bzw. auf die hinterste Bank setzen.

Diese Vorschriften wurden in der freien Zone jedoch nicht umgesetzt.

- Mit der Verordnung vom 10. Juli 1942 wurde es den Juden verboten, in Kinos oder Theater zu gehen; Geschäfte durften sie zum Einkaufen nur zwischen 15 und 16 Uhr betreten.
- Eine besonders verhängnisvolle Maßnahme war die Erstellung einer Liste der jüdischen Einwohner von Paris. Diese wurde von der deutschen Besatzungsmacht mit der Verordnung vom 27. September 1940 gefordert und im Oktober desselben Jahres erstellt. Beauftragt mit ihrer Erstellung wurde André Tulard, ein hoher Beamter der Präfektur von Paris. Die Liste enthielt am Ende fast 150.000 Personen, mit deren Adressen, Berufen und Staatsangehörigkeit. Sie wurde der Gestapo übergeben, die sie für ihre Razzien verwenden konnte.

Die bedeutendste Razzia in Paris war die sog. „Rafle du Vélodrome d'hiver" (Razzia des Wintervelodroms) am 16. und 17. Juli 1942. (Siehe hierzu Serge Klarsfeld, Vichy-Auschwitz, S. 104 ff.) Sie wurde Anfang Juli 1942 gemeinsam von deutschen und französischen Beamten geplant und von 4.500 französischen Polizisten durchgeführt. Hierbei wurden in Paris über 13.000 Juden, darunter 4.000 Kinder, verhaftet. 8.000 von ihnen wurden mehrere Tage lang im Radrenn-stadion eingesperrt, bevor sie in die Durchgangslager Drancy, Beaune-la-Rolande und Pithiviers verbracht wurden. Von dort wurden sie dann nach Auschwitz deportiert.

Unter dem Glasdach des Stadions herrschten extrem hohe Temperaturen, die sanitären Einrichtungen waren katastrophal, es gab kaum Wasser oder etwas zu Essen. In Folge dieser Zustände starben etwa 30 Personen und etwa 100 begingen Selbstmord.

Die eingesperrten Erwachsenen waren Juden ohne französische Staatsangehörigkeit, von den Kindern waren aber etwa 3.000 in Frankreich geboren und somit Franzosen. Dass auch die Kinder deportiert wurden, geschah auf Drängen der Vertreter der französischen Polizei. Wie Heinz Röthke, der Leiter des Judenreferats der Gestapo in Frankreich schrieb, „Die Vertreter der französischen Polizei brachten wiederholt den Wunsch zum Ausdruck, dass auch die Kinder mit ins Reich abtransportiert werden möchten." (Siehe S. Klarsfeld, a.a.O., S. 142.)

Auch außerhalb von Paris wurden ab Juli 1942 Razzien durchgeführt. Dabei waren die französischen Behörden sehr hilfreich, denn ohne sie hätten die Deutschen nicht über das notwendige Personal für diese Maßnahmen verfügt. Dies unterstrich ein SS-Hauptsturmführer nach der Razzia vom Juli 1942 in Châlons-sur-Marne in einem Brief an die Befehlshaber der Sicherheitspolizei und des SD im Bereich des Militärbefehlshabers in Frankeich und lobte die Hilfe der französischen Behörden. „Die Gesamtaktion verlief vollkommen reibungslos. Die an den Regionalpräfekten gegebenen Weisungen wurden umgehend und ordnungs-gemäß erledigt. Die Zusammenziehung sowie Unterbringung der Festgenommenen in einem Lager ... erfolgten durch die französische Polizei."

Die Vichy-Regierung ergriff ihrerseits ähnliche Maßnahmen in der „Freien" Zone. Das in ihrem „Ersten Judenstatut vom 3. Oktober 1940" erlassene Gesetz (Loi du 3 octobre 1940 portant sur le statut des Juifs) galt für ganz Frankreich, wurde aber in der besetzten Zone von den Maßnahmen der deutschen Militärverwaltung noch über-troffen. (In Wirklichkeit handelte es sich übrigens nicht um ein Gesetz, sondern um eine Verordnung der Regierung, da das Parlament nicht eingebunden wurde.)

- Juden wurden von Tätigkeiten in der Staatsverwaltung und ebenso in staatlichen Unternehmen ausgeschlossen.
- Die Tätigkeit als Richter wurde ihnen untersagt.
- Sie durften nicht mehr als Lehrer arbeiten, oder den Rang eines Offiziers einnehmen. Sie wurden entlassen.
- Freie Berufe durften sie nur in eingeschränktem Rahmen ausüben, sofern der Anteil der Juden in ihrem Bereich einen festzulegenden Anteil nicht überschritt.
- Jegliche Tätigkeit im Pressewesen, in der Filmindustrie, im Theaterwesen und im Rundfunk wurde ihnen untersagt.

Einen Tag später wurde dann ein weiteres Gesetz erlassen, das diesmal die ausländischen Juden betraf. Es ermöglichte den Präfekten, ausländische Juden in Internie-rungslager einzusperren, ohne dass hierfür ein Grund vorliegen musste – außer, dass sie ausländische Juden waren.

Bereits mit Erlass vom 22. Juli wurde es möglich, Juden die französische Staatsangehörigkeit wieder zu entziehen, wenn sie diese nach 1926 erhielten. Juliette und ihr Mann waren glücklicherweise schon 1924 naturalisiert worden, so dass sie nicht unter diese Maßnahme fielen.

Im März 1941 hatte die Vichy-Regierung das „Commissariat général aux questions juives" eingerichtet, um der Regierung die antijüdischen Maßnahmen vorzuschlagen und sie dann umzusetzen. Ihr bekanntester Direktor war einer der aktivsten Antisemiten Frankreichs, Louis Darquier de Pellepoix.

Es wurde später, so auch im Präsidentschaftswahlkampf 2022, vom rechtsextremen Kandidaten Eric Zemmour, immer wieder behauptet, die Vichy-Regierung hätte die französischen Juden beschützt und die meisten von ihnen gerettet. In Wirklichkeit fürchtete die Regierung bei Maßnahmen gegen sie noch mehr Widerstand der Bevölkerung und förderte anfangs deshalb vor allem die Deportation der Juden ohne französische Staatsangehörigkeit. Wie ihre Einstellung zur jüdischen Bevölkerung wirklich war, konnte man in Algerien sehen, wo sie ihre Entscheidungen ohne Druck durch die deutsche Besatzungsmacht treffen konnte. Am 7. Oktober 1940 entzog die Vichy-Regierung den Juden Algeriens die französische Staatsangehörigkeit, die sie 1870 im „Décret Crémieux" erhalten hatten. Damit unterlagen sie ebenso den diskriminierenden Maßnahmen des Judenstatuts vom 3. Oktober 1940.

Welches Ausmaß die Diskriminierung und Verfolgung der Juden annehmen würde, ahnte 1940 Leibus Rosenzweig nicht. Am 21. August 1940 schrieb er an das Kriegsgefangenenlager in Saverne einen Brief mit der Bitte, seinen Schwiegersohn Léon Kahan zu entlassen, da er ihn dringend in seinem Geschäft benötige. Welch eine Naivität!

4. LÉON FLIEHT AUS DEM KRIEGSGEFANGENENLAGER

Léon wartete aber seine (ohnehin sehr unwahrscheinliche) Entlassung nicht ab, sondern entschloss sich zur Flucht, die ihm am 22. September 1940 mit einem Kameraden namens Jacques Nehmenchonsky gelang. Sie waren beide mit Reinigungsarbeiten im Lager beschäftigt und verbrannten im Hof allerlei Abfälle. Durch die Rauchentwicklung verdeckt, erklommen sie eine Mauer und sprangen in die Freiheit. Einige Tage lang wurden sie von einer Familie in der Nähe von Saverne versteckt und erhielten von ihr Zivilkleidung.

Danach ging es über Charmes an der Mosel und Nancy mit dem Zug nach Paris, was nicht ungefährlich war. Schließlich waren sie entflohene Kriegsgefangene, und die Polizei hätte sie im Falle der Entdeckung möglicherweise an die Deutschen ausgeliefert. In Paris angekommen ging Léon zu seinem Bruder Michel, der unweit des Boulevard de Port Royal wohnte, wo ihn Juliette überglücklich in die Arme schließen konnte.

Das Glück blieb jedoch nur von kurzer Dauer, denn Léon musste Paris, also die besetzte Zone, schnellstmöglich verlassen, da die freie Zone, vor allem in den Anfangsmonaten, noch ein etwas sicherer Aufenthaltsort war. Ziel war die Stadt Limoges in der freien Zone, wo sich bereits Verwandte aufhielten, nämlich der jüngste Bruder seines Schwiegervaters, Fiszel Rosenzweig mit seiner Frau Eugénie und der Tochter Anna, sowie die Familie von Eugénie. Er stieg also in den Zug nach Angoulême, der Stadt, die der freien Zone und Limoges am nächsten lag. Dort gelang es ihm, unerkannt die Demarkationslinie zu überqueren und nach Limoges zu gelangen.

5. DAS LEBEN IN LIMOGES WÄHREND DER BESETZUNG FRANKREICHS

Limoges im Departement Haute-Vienne, die Hauptstadt des Limousin und bekannt für ihre Porzellanmanufakturen, war damals eine Stadt von etwa 90.000 Einwohnern. Doch während des Krieges lebten dort zusätzlich etwa 30.000 Flüchtlinge, unter ihnen viele Juden, die aus dem Elsass vertrieben worden waren. Als Léon dort ankam, begab er sich sofort zur Kaserne „Beaublanc", um sich sozusagen zum Dienst zurückzumelden. Erstaunlicherweise wies man ihm dort eine Arbeit in der Offiziersbibliothek zu. Er trat seinen Dienst am 20. Oktober 1940 an und beendete ihn offiziell erst im April 1944.

Offensichtlich legte man in der Kaserne die antijüdischen Gesetze der Vichy-Regierung nicht so eng aus, denn lt. Erlass vom 17. Juli 1940 war es verboten, Juden im öffentlichen Dienst zu beschäftigen. Nun war die Armee zwar kein öffentlicher Dienst im engeren Sinne aber doch eine Einrichtung des Staates; man hätte seine Beschäftigung also ablehnen können. Die antijüdischen Maßnahmen der Vichy-Regierung in der „Zone libre" waren also keinesfalls liberaler als in der besetzten Zone. Es gab aber offensichtlich eher die

Möglichkeit, diese Bestimmungen zu umgehen oder zumindest großzügiger auszulegen.

Léon lebte jetzt also in Limoges. Er war getrennt von seiner Frau und seinem kleinen Sohn, aber es war ihm immerhin möglich, brieflich mit ihnen in Kontakt zu bleiben. Allerdings geschah dies mittels vorgedruckten Postkarten, die nur wenige Informationen enthalten durften. Juliette ver-

suchte deshalb, so schnell wie möglich zu ihm zu gelangen, zumal sie sich Sorgen um die Gesundheit ihres Mannes machte, der damals an einem Magengeschwür litt.

Um nach Limoges zu reisen, musste sie die Demarkationslinie zur freien Zone überqueren. Einen Passierschein hierfür zu beantragen, war nicht gerade empfehlenswert. Denn es war für Juden schlicht verboten, die Demarkationslinie zu überschreiten! Und sollte sie unterwegs kontrolliert werden, würde sie sofort als Jüdin identifiziert. Ihr Personalausweis war mit einem Stempel „Juive" gekennzeichnet.

Also fuhr sie mit dem Zug nach Angoulême und übernachtete dort in einem Gasthof. Deren Inhaberin empfahl ihr, einen Eisenbahner namens Jabouille zu treffen, der ihr erklären würde, wie sie über die Demarkationslinie kommen könne. Am nächsten Tag traf sie M. Jabouille, der ihr empfahl, den Zug in das 18 km entfernte Pranzac zu nehmen und von dort die 7 km zu Fuß nach Vilhonneur zu gehen. Dort angekommen, solle sie zu seinen Cousins gehen, die ihr dann weiterhelfen würden. So geschah es dann auch.

Juliette stieg also in den Zug nach Pranzac – und sah sich in dem Abteil einer Deutschen gegenüber. Lassen wir sie selbst erzählen: „Die Dame erklärte mir, dass sie in der Kommandantur von La Rochefoucauld-en-Angoumois arbeite und fragte mich, wohin ich reise. Ich sagte ihr, dass ich meine Cousins besuchen würde, ohne ihr zu erklären, wo diese wohnten. ... Schließlich kamen wir am Bahnhof von Pranzac an, ich stand auf, worauf sie mich überrascht fragte:

Gehen Sie nicht nach La Rochefoucauld? 'Nein, antwortete ich, ich besuche hier meine Familie, deshalb muss ich hier aussteigen. Was musste man damals vorsichtig sein!

Ich nahm also den Weg, den man mir anzeigte, um nach Vilhonneur zu kommen. Unterwegs traf ich zwei junge Männer mit Fahrrädern, die eine Landkarte studierten. Sie suchten ebenfalls nach dem Weg, um die Demarkationslinie zu überqueren. Diese war nicht einfach zu erkennen, da es keine Hinweistafeln gab. Die jungen Leute wollten in die Freie Zone, um von dort über Spanien nach London zu gelangen und sich General de Gaulle anschließen. Wir sind ungefähr sieben km zusammen gegangen und erreichten schließlich das Dorf Vilhonneur. ... Madame Jabouille stand glücklicherweise in der Tür, und als sie mich sah, rief sie „komm doch rein, liebe Cousine!" Ich zeigte auf die beiden jungen Männer und sie bedeutete mir, mit ihnen in das Haus zu kommen... Es war jetzt nicht der Moment, um die Demarkationslinie zu über-queren, da die Soldaten Streife gingen und sie sogar in das Gasthaus kommen konnten, um Eier zu kaufen. Sollten sie eintreten, sollten wir uns ganz natürlich verhalten."

Mme Jabouille kannte sich mit den örtlichen Gege-benheiten aus, und vor allem wusste sie, wie sich die deutschen Soldaten auf ihren Kontrollgängen verhielten. „Glücklicher-weise kamen die Soldaten nicht, und wir unterhielten uns gemütlich noch eine Weile mit Herrn und Frau Jabouille. Wir mussten noch etwas warten, aber nach dem Essen kam der entscheidende Augenblick. Wir gingen über die Felder und nachdem wir an einem Friedhof vorbeigekommen waren, der an einer Straße endete, sagte Mme Jabouille: ‚Na also, hier sind wir. Ihr seid in der Freien Zone'".

Von dort nahm Juliette den Zug nach Limoges und kam schließlich in der Kaserne an, wo sie Léon in der Offiziersbibliothek traf. Was aus den jungen Männern wurde, die nach Spanien und England gelangen wollten, erfuhr sie leider nicht.

Léon hatte in Limoges keine Wohnung, sondern schlief in einer Nische der Bibliothek auf dem Fußboden. Die erste Maßnahme von Juliette war deshalb, eine Wohnung zu finden, was nicht so einfach war, da zahlreiche Juden ebenfalls nach einer Unterkunft suchten. Mit Hilfe eines Gendarmen fand Juliette schließlich eine solche auf dem Dachboden eines Hauses in der Rue Saint-Domnolet N° 7. In dieser Wohnung gab es zwar kein fließendes Wasser, aber immerhin hatten sie jetzt ein Dach über dem Kopf. Das Wasser musste sie von einem Brunnen im Hof holen, und die Gemeinschaftstoilette befand sich in Stockwerk tiefer. Möbel, einschließlich eines kleinen Elektrokochers, fanden sie in einem Gebrauchtwarenladen.

Nachdem Léon also einigermaßen korrekt untergebracht war, kehrte Juliette wieder nach Vitry-sur-Seine zurück. Dort mussten sich ihre Eltern um die beiden alten Damen kümmern: die Mutter von Léon, Malka Kornblum, und „Mémère".

Das Leben der Eltern war immer schwieriger geworden. Wie alle jüdischen Geschäfte stand auch das der Rosenzweig unter der Kontrolle eines externen Geschäftsführers, und die erwähnten antijüdischen Maßnahmen schränkten das Leben immer mehr ein.

Um nach Hause zu gelangen, überquerte Juliette die Demarkationslinie auf demselben Weg und wieder mit Hilfe der Familie Jabouille, die sie bei jeder Gelegenheit als ihre „Cousins" bezeichnete, und kehrte nach Vitry-sur-Seine zurück. Die Familie Jabouille ist ein Beispiel für Zivilcourage und die Hilfsbereitschaft, die es während des Krieges oft gab, und die Familie blieb mit ihnen auch nach dem Kriege noch lange in Kontakt. Leider gab es während der Zeit der Besetzung Frankreichs auch einige gegenteilige Beispiele.

Juliette kehrte noch viermal zu ihrem Léon nach Limoges zurück und überquerte dabei jedes Mal mit Unter-stützung durch ihre „Cousins" Jabouille die Demarkationslinie. Einmal reiste sie mit dem kleinen Bernard im Kinderwagen und mit Hilfe eines gefälschten Ausweises, den ihr Mme Jabouille beschafft hatte. Man kann sich vorstellen welche Ängste Juliette durchstand, wenn sie in eine Kontrolle geriet, was auch während den Zugfahrten häufig der Fall war. Juliette berichtet:

„Als wir vor dem deutschen Soldaten standen, fing Bernard an zu weinen. Ich beugte mich also zu ihm hinunter und versuchte ihn zu beruhigen. Währenddessen zeigte Mme Jabouille die Ausweise. Der Wachposten gab uns das Zeichen zum Weitergehen. Ouf! Mme Jabouille gab mir die Adresse ihrer Familie, die in einem Dorf in der Nähe von Vilhonneur wohnte, das in der Freien Zone lag und wo sie einen Gasthof unterhielt. Nach dem Abendessen begaben wir uns auf das Zimmer, als plötzlich französische Gendarmen nach mir riefen. Vielleicht hatten sie den Auftrag, die Hotels in der Nähe der Demarkationslinie zu kontrollieren? Ich zog mich schnell an und ging hinunter. Sie verlangten nach den Papieren und fragten nach dem Grund meiner Reise. Ich war nicht misstrauisch – es waren schließlich französische Gendarmen! – und erzählte ihnen, dass ich meinen Mann in Limoges besuchen würde. Daraufhin gingen sie wieder, und ich ging zurück in das Zimmer zu meinem kleinen Bernard. Am nächsten Tag nahmen wir den Zug nach Limoges, und ich dachte nicht mehr an die Begegnung mit den Gendarmen.

In Limoges hatten wir uns in der Wohnung auf dem Dachboden gemütlich eingerichtet, als bald nach meiner Ankunft zwei Gendarmen an der Türe klopften und nach meinen Papieren verlangten. Sie wussten, dass ich die Demarkationslinie überquert hatte und waren also von den Gendarmen an der Grenze informiert worden. Sie prüften meine Papiere und sprachen leise zueinander, bis der eine dem anderen sagte: ‚Was machen wir eigentlich hier? Wir werden doch nicht einem Soldaten die Frau wegnehmen. Wir gehen!‘" Nach diesem Vorfall blieb Bernard bei seinem Vater und Juliette kehrte ein letztes Mal nach Vitry-sur-Seine zurück.

Die Jabouille halfen auch bei der Aufrechterhaltung der Korrespondenz zwischen Vitry-sur-Seine und Limoges. Normaler Briefverkehr über die Demarkationslinie war nicht möglich. Deshalb schrieben die Eltern immer an die Adresse der Familie Jabouille, die dann die Briefe zu Verwandten in der freien Zone brachte, um sie von dort nach Limoges auf dem postalischen Weg weiterzuleiten.

6. PASTOR ALBERT CHAUDIER

In Limoges hatten Juliette und Léon zunächst kaum soziale Kontakte. Freunde von der evangelikalen Gemeinde in Vitry-sur-Seine, die Familie Bieler, empfahl ihnen deshalb, mit der ihnen bekannten Familie Breuil von der reformiert-protestantischen Gemeinde in Limoges Kontakt aufzunehmen. Ferner lernten sie so die Familien Conche und Garbarovitch kennen, die ihnen ebenfalls halfen.

Pastor Chaudier und Mitglieder seiner Gemeinde, rechts außen Juliette Kahan und in der vorderen Reihe die Kinder Bernard und Eliane mit ihren Taufpatinnen.

Limoges war nie eine Hochburg des französischen Protestantismus, es befand sich dort aber eine größere Gemeinde der reformierten Kirche, die von einem Pastor namens Albert Chaudier geleitet wurde. Ein sehr aktives

Mitglied dieser Gemeinde war die Familie Breuil, die mit der Familie Bieler in Vitry-sur-Seine bekannt war.

Die Einbindung in diese Gemeinde bedeutete für die junge Familie Kahan wohl die Rettung. Pastor Chaudier war in Limoges eine sehr angesehene Persönlichkeit. Er hielt Kontakt nicht nur zu den offiziellen Stellen der Stadt, sondern auch zu der in Limoges sehr aktiven Résistance. So war er immer gut informiert über antijüdischen Maßnahmen der Vichy-Regierung und konnte die Juden rechtzeitig informieren, wenn wieder eine Razzia angesagt war. Er war Teil eines Netzwerks von christlich geprägten Menschen, die Juden versteckten und ihnen Lebensmittelkarten besorgten.

Zu ihnen zählte auch die Familie Breuil. Wenn mal wieder eine Razzia stattfand, konnten die Kahan bei ihnen zur Sicherheit übernachten. Dies konnte lebensrettend sein, denn allein am 26. August 1942 wurden bei einer Razzia in der Freien Zone 446 Juden verhaftet und deportiert. Nur sehr wenige von ihnen kehrten nach dem Krieg zurück.

Pastor Chaudier war für die Familie Kahan auch eine große moralische Stütze und ein Licht der Hoffnung in dieser Zeit des Terrors und der Angst. Er war es auch, der die im Januar 1943 geborene Tochter Eliane protestantisch taufte.

Als Limoges von der französischen Résistance-Armee, den F.F.I., nach schwierigen Verhandlungen mit der deutschen Armee am 21. August 1944 ohne Blutvergießen befreit wurde, übernahm Chaudier eine aktive Rolle und wurde als „Président du comité départemental de libération" eingesetzt, was ihm die Zuständigkeit eines Präfekten gab. Er spielte also eine sehr bedeutende politische Rolle, auch weil er von allen Résistancegruppen, den kommunistischen F.T.P. (Franc-tireurs partisans), wie auch der gaullistischen A.S. (Armée secrète) als integre und engagierte Persönlichkeit anerkannt wurde. (Siehe hierzu: Robert Aron, Histoire de la libération de la France, Paris 1959.)

Nach dem Krieg verließ Pastor Chaudier Limoges. „Er schloss sich General de Gaulle an", wie Juliette später berichtete, sie wusste aber nicht, was dann aus ihm geworden war. Immer wieder sprach sie von diesem Pastor in Limoges, der ihnen letztlich das Leben gerettet hatte.

Hier muss von einer Begegnung berichtet werden, die so unwahrscheinlich ist, dass man an das Wirken von höheren Mächten glauben könnte.

Im Jahre 1971 arbeitete ich in mehreren Bibliotheken und Archiven in Paris an meiner Dissertation über den Gaullismus unter der IV. Republik. Nachdem ich einige Monate im Archiv der damaligen gaullistischen Partei, der „Union des Démocrates pour la République" (UDR) in der Rue de l'Université gearbeitet hatte, wollte ich auch noch das Archiv des „Institut Charles de Gaulle" sichten. Dieses befand sich in der Rue de Solférino N° 5, wo de Gaulle Anfang der 50-er Jahre sein Pariser Büro hatte.

Dort empfing mich ein sehr freundlicher älterer Herr. Er stieg mit mir in den Keller hinunter, wo sich das Archiv befand. Wir verbrachten einige Stunden zusammen, in denen er mir auch von seinem Leben erzählte, vor allem während der Zeit des Zweiten Weltkrieges, als er .... Pastor in Limoges war.

Ich konnte mir absolut nicht vorstellen, dass er jener Pastor war, von dem mir Juliette oft erzählt hatte, und ich erinnerte mich auch nicht mehr an seinen Namen. Nach Vitry-sur-Seine zurückgekehrt, fragte ich nach dem Namen dieses Pastors in Limoges. Und er war es wirklich: Pastor Albert Chaudier. Dreißig Jahre nach dieser dramatischen Zeit in Limoges hatte ich, der deutsche Schwiegersohn, ihn wiedergefunden, jenen Pastor, der die jüdische Familie während des Krieges gerettet und ihre Tochter Eliane getauft hatte, mit der ich nun verheiratet war. Am folgenden Tag ging ich mit Léon und Juliette in das Institut Charles de Gaulle, wo es zu einem bewegenden Wiedersehen kam.

Nach dem Krieg hatte Albert Chaudier Limoges verlassen und „folgte General de Gaulle" wie Juliette berichtete. Er machte in Paris keine politische Karriere, sondern arbeitete praktisch all die Jahre im Büro des Generals in der Rue de Solférino N° 5, wo später das Institut Charles de Gaulle seinen Sitz nahm.

Ich blieb mit Albert Chaudier in Kontakt bis in das Jahr 1976, als die Krankheit es ihm nicht mehr ermöglichte, auf meine Briefe zu antworten. Er hatte noch einen fürchterlichen Schicksalsschlag hinnehmen müssen. Seine damals 17-jährige Tochter aus zweiter Ehe wurde auf dem Boulevard Saint-Germain von einem Auto überfahren und starb.

7. DIE GEBURT DER TOCHTER ELIANE

Doch zurück in die Zeit des Zweiten Weltkriegs. Ein letztes Mal war Juliette Anfang 1942 bei ihren Eltern, deren Situation immer verzweifelter wurde. Zum 31. Dezember 1941 war ihr Geschäft geschlossen worden, nachdem schon seit mehreren Monaten ein Geschäftsbetrieb praktisch nicht mehr möglich war. All diese erwähnten antijüdischen Maßnahmen zerstörten jede Möglichkeit eines normalen Lebens. Eine wichtige Hilfe war in dieser Situation „Mémère" Bossert, denn als „Arierin" fiel sie nicht unter die antijüdische Gesetzgebung. Sie konnte also für die Rosenzweigs Einkäufe tätigen, Arztbesuche organisieren und alle möglichen Botengänge erledigen.

Juliette kehrte nach dem Besuch bei ihren Eltern also nach Limoges zu ihrem Léon und dem kleinen Bernard zurück. Wenn man die Fotos aus dieser Zeit betrachtet hat man den Eindruck, dass sie dort ein geradezu normales Familienleben führten, mit Ausflügen, Besuchen und Treffen mit Verwandten, die ebenfalls in der freien Zone lebten. Sie hatten offensichtlich keine Ahnung von der großen Gefahr, in der sie sich befanden. Nun hatte die Judenverfolgung in der freien Zone noch nicht ganz das Ausmaß erreicht, das sie schon in der besetzten Zone hatte, und Antisemitismus war nichts Neues in Frankreich; also wurden die jetzt beschlossenen Maßnahmen als Ergebnis der Kriegssituation gesehen. Der systematische Mord an den Juden war jedenfalls völlig außerhalb ihrer Vorstellungskraft.

Wenige Wochen nach ihrer Rückkehr nach Limoges stellte Juliette fest, dass sie schwanger war. In dieser grauenvollen Zeit ein Kind auf die Welt zu bringen, in der die Juden diskriminiert, verfolgt, eingesperrt und deportiert wurden, war dies nicht geradezu irrsinnig? Natürlich stellte sich auch Juliette diese Frage, aber sie lehnte, ebenso wir ihr Léon, eine Abtreibung entschieden ab.

So wurde am 19. Januar 1943 ihre Tochter Eliane Ruth geboren. Es übersteigt eigentlich unsere Vorstellungskraft, wie unter diesen schwierigen Umständen, in der kleinen Dachwohnung ohne adäquate sanitäre Einrichtungen, es möglich war, die nun größer gewordene Familie mit einem Kleinkind durchzubringen. Aber man behalf sich irgendwie. Das Leben musste ja weitergehen, und außerdem waren sich Léon und Juliette nicht bewusst, in welcher Gefahr sie schwebten, auch nicht nach den Ereignissen des Jahres 1942.

8. GANZ FRANKREICH WIRD BESETZT

Die Situation der jungen Familie in Limoges hatte sich im Laufe des Jahres 1942 dramatisch geändert, was ihr aber offensichtlich nicht bewusst war. Auf der „Wannsee-Konferenz" am 20. Januar 1942 hatten 15 hochrangige Vertreter von Ministerien, der SS und der NSDAP die Organisation der „Endlösung" beschlossen. Geleitet wurde die Sitzung von Reinhard Heydrich, das Protokoll der Sitzung erstellte Adolf Eichmann. In der Folge dieses Beschlusses wurden in Frankreich Razzien durchgeführt, um die Juden im Sammellager Drancy zu internieren und sie nach Auschwitz zu deportieren.

Im April wurde auf Drängen der deutschen Regierung Pierre Laval von Marschall Pétain zurück an die Spitze der Regierung berufen. Die Kollaboration mit Hitler-Deutschland wurde nun offizielle Regierungspolitik, und Laval erklärte im Radio, mit Billigung von Pétain: „Je souhaite la victoire de l'Allemagne" – Ich wünsche den Sieg Deutschlands. Und was die Judenfrage betraf, so würden die französischen Behörden – und insbesondere die Polizei unter ihrem Generalsekretär René Bousquet – in Zukunft noch enger mit der deutschen Polizei und der Gestapo unter dem Höheren SS- und Polizeiführer Carl Oberg bei der Verhaftung und Deportation der Juden zusammenarbeiten. Auch ihre französische Staatsangehörigkeit bot den Juden keinen Schutz mehr.

Nach der Landung der Amerikaner und Briten in Nordafrika am 8. November 1942 besetzte die Wehrmacht drei Tage später die bislang „freie" Zone. Die Regierung von Marschall Pétain unterlag nun ganz dem Willen der Deutschen, und gleichzeitig wurde die Macht der Kollaborateure nachdrücklich gestärkt. Die im Januar 1943 geschaffene faschistische „Milice" unter Joseph Darnand, einem hoch dekorierten Soldaten, hatte nun freie Hand, um Jagd auf Gaullisten, Freimaurer und Juden zu machen. Eine „freie" Zone gab es nicht mehr, und diese Bezeichnung wurde übrigens auch ersetzt durch die Bezeichnung „Zone Sud".

Besuch von Fiszel (vorne rechts mit Tochter Annette) und seiner Frau Eugénie (zweite Reihe links), ihr Vater Jacob Milgram und « Grand Bernard ». hinten in der Mitte.

Aber das ganze Jahr 1943 über schien sich das Leben der Familie Kahan in Limoges trotzdem nicht zu ändern. Der kleine Bernard ging zur Schule, im Sommer ging es in das

Sommercamp des „Château de la Planche", man machte Ausflüge, ging im Fluss der Vienne schwimmen und erhielt Besuch von Freunden und Familienangehörigen. Im Laufe des Jahres 1943, da waren die Eltern von Juliette schon deportiert und ermordet, kam sogar „Mémère" zu Besuch nach Limoges. Die Demarkationslinie war im Frühjahr 1943 aufgelöst worden; sie hatte ja keinen Sinn mehr, nachdem nun ganz Frankreich besetzt war.

Vor dem Château de la Planche   Besuch von „Mémère" in Limoges

Das Leben war jedoch stärker bedroht, als sie annahmen. So wurden immer öfter Kontrollen und Razzien durchgeführt, was Verhaftungen und Deportationen zur Folge hatte. Einmal besuchte Juliette mit ihrer Tochter Eliane im Kinderwagen den Bruder und die Schwägerin von Eugénie

Rosenzweig, Jacob und Rivka Milgram. Sie wohnten auf dem Lande, in einem Dorf in der Nähe von Limoges. Als Juliette mit dem Zug zurück nach Limoges fuhr wurde sie von Rivka begleitet, die einen Zahnarzt aufsuchen wollte. Am Bahnhof in Limoges angekommen, fand dort eine Razzia statt, und sie musste ihren Personalausweis vorzeigen, der mit einem Stempel „Juive" versehen war. Aber welch ein Glück! Einer der Gendarmen war der Schwiegersohn einer Nachbarin in Vitry-sur-Seine, der sie erkannte und die beiden Damen passieren ließ.

Welche Auswirkungen hatte die Besetzung von ganz Frankreich nun für Léon, der doch bei der französischen Waffenstillstandsarmee beschäftigt war? Diese wurde nun aufgelöst, und so konnte es eigentlich auch keine Garnisons-bibliothek mehr geben.

Aus den Unterlagen des „Schwarzen Koffers" geht dies jedoch nicht hervor. Da es immer noch bewaffnete Kräfte gab, wie z.B. die Gendarmerie, wurde der Betrieb der Biblio-thek offensichtlich nicht eingestellt. Eine Bescheinigung der F.F.I. (Forces françaises de l'intérieur - der Armee der Résistance) vom 8. Dezember 1944, als Limoges schon befreit war, bestätigt jedenfalls, dass Léon Kahan vom 20. Oktober 1940 bis 30. April 1944 in der Bibliothek beschäftigt war. Als Adresse wird die von Limoges in der Rue Saint-Domnolet angegeben. Auch ein Laissez-Passer (Passierschein) zur Heim-kehr nach Vitry-sur-Seine vom November 1944, ebenfalls von den F.F.I. ausgestellte, gibt diese Adresse an, was insofern interessant ist, als über längere Zeit die Familie nicht mehr in Limoges wohnte.

Anfang 1944, das Toben der faschistischen Miliz, die Razzien und die Deportationen wurden immer schlimmer, verließen Juliette und Léon auf Anraten von Pastor Chaudier und der Familie Breuil mit ihren beiden Kindern Limoges. Die Tochter eines Colonel Basteau der aufgelösten französischen Waffenstillstandsarmee, der sich wohl der Résistance angeschlossen hatte, besorgte ihnen auf einem Bauernhof in der Nähe der Ortschaft Le Blanc im Departement Indre einen Unterschlupf. Der Ort war über 100 km von Limoges entfernt. Mit welchem Transportmittel sie dorthin kamen, lässt sich aus den Unterlagen nicht mehr herausfinden. Die Wohnung auf dem Dachboden des Hauses in Limoges behielten sie aber bei.

Auf den Weiden des Bauernhofes einer Familie Deslais hütete Juliette die Kühe, Schafe und Ziegen, während Léon mit den Pferden die Äcker bestellte. Juliette war außerdem für die Wäsche des Hauses zuständig, wobei man bedenken muss, dass es damals noch keine Waschmaschinen gab. Wäschewaschen war damals noch schwere Arbeit! Der kleine Bernard erlebte diese Zeit aber sicher als ein Abenteuer, denn er ahnte nichts von den Gefahren, denen sie ausgesetzt waren.

Die Geschichte des Aufenthalts der jungen Familie Kahan in Limoges zeigt, dass für die Rettung der Juden die solidarische Hilfe durch die nicht-jüdischen Bürger von existentieller Bedeutung war. Wie wir noch später sehen werden, gab es in Frankreich zahlreiche Helfer die dazu beitrugen, dass drei Viertel der französischen Juden gerettet werden konnten.

9. ABSCHIED VON LIMOGES

Am 6. Juni 1944 landen die Alliierten in der Normandie. In wenigen Wochen stoßen deren Armeen Richtung Paris vor. Die deutschen Wehrmachtsverbände in Südfrankreich, unter ihnen die SS-Division „Das Reich", eilen von Süden in Richtung Normandie und verüben unterwegs zahlreiche Massaker, so in Tulle am 9. Juni und in Oradour-sur-Glane am 10. Juni. Juliette und Léon erfahren natürlich von diesen Dramen, was wohl auch ein Grund dafür war, dass sich Léon nun der Résistance anschloss. Seine Aufgabe: eine Brücke zu bewachen.

Am 21. August wird Limoges von der Résistance ohne Blutvergießen befreit, da es ihr gelingt, mit dem Wehrmachtsgeneral Walter Gleiniger, der kurz darauf unter mysteriösen Umständen den Tod fand, eine entsprechende Vereinbarung zu treffen. Am Tag darauf wird, wie berichtet, Pastor Chaudier als „Président du comité départemental de libération" praktisch die höchste zivile Autorität in Limoges, bis ein paar Wochen später von der provisorischen Regierung Frankreichs ein regelmäßiger Präfekt eingesetzt wird.

Juliette und Léon kehren Ende August mit den Kindern nach Limoges in ihr Zimmer im Dachgeschoss zurück und bleiben noch einige Wochen dort. Während dieser Zeit arbeitet Léon für die Familie Breuil, die eine Art Werbeagentur unterhält. Léon klebt für sie Plakate. In der Zwischenzeit war auch Paris befreit worden. Dies ermöglicht nun die Rückkehr nach Vitry-sur-Seine. Ende Oktober lässt sich Léon deshalb seine Tätigkeit in der Bibliothek bestätigen und beantragt bei den F.F.I. ein „Laissez-passer" für die Heimfahrt. Dort erwartete sie die 80-jährige „Mémère", die seit bald zwei Jahren allein in dem Hause wohnte. Sie hatte allerdings nur ein Zimmer und die Küche zur Verfügung. Die anderen Zimmer waren von der Gestapo versiegelt worden; auf den Siegeln war das Hakenkreuz deutlich zu sehen. Sie blieben noch Jahrzehnte dort, bis zum Verkauf des Hauses in den 80-er Jahren.

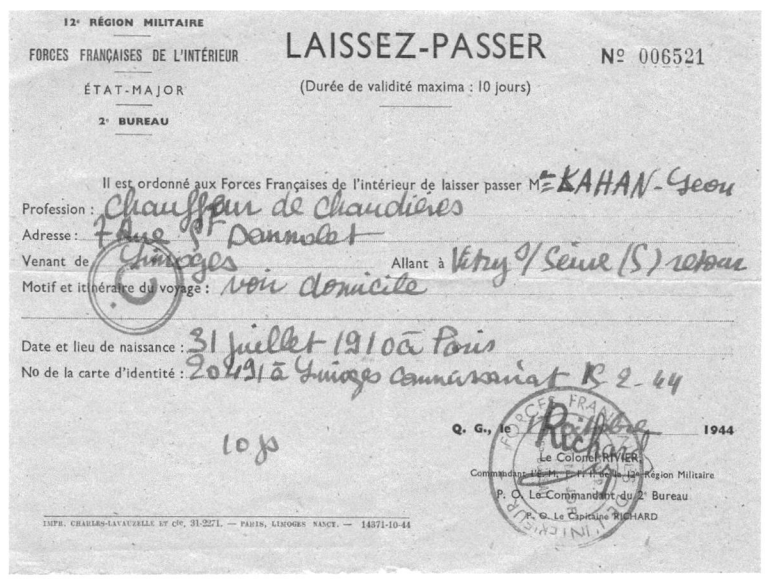

Was aber war seit dem letzten Besuch von Juliette Anfang 1942 in Vitry geschehen? Juliette blieb mit ihren Eltern noch brieflich in Kontakt und war sich der Gefahr, in der sie und die Eltern schwebten, nicht wirklich bewusst. Sie hatte Ende 1942 / Anfang 1943 zwar alarmierende Postkarten von den Eltern erhalten, darunter auch aus dem Internierungslager Drancy bei Paris, sowie den Hinweis auf ihren Abtransport

„mit einem unbekannten Ziel" (siehe folgendes Kapitel), aber sie konnten sich nicht vorstellen, dass das Ziel ihres Abtransports ihre Ermordung war. Sie wurden wohl in ein Arbeitslager im Osten geschickt und würden nach Ende des Krieges wieder zurückkehren.

Léon und Juliette waren nun wieder zu Hause und musste erst mal einige Probleme regeln. Das Haus war von der Résistance besetzt. Und sie wartete auf Nachricht.

IV. DAS SCHICKSAL VON LEIBUS ROSENZWEIG UND SEINER FRAU REZEL

1. DIE SITUATION IN VITRY-SUR-SEINE

Wie berichtet, waren die antijüdischen Maßnahmen in der besetzten Zone noch schikanöser als in der freien Zone, wo immerhin die Vorschrift zum Tragen des gelben Sterns nicht umgesetzt wurde.

Im März 1942 fanden in der besetzten Zone die ersten Razzien und Deportationen der Juden statt; ab Juli 1942 wurden sie systematisch durchgeführt, nachdem der Generalsekretär der französischen Polizei, René Bousquet, mit der deutschen Polizei eine Übereinkunft hierüber getroffen hatte. Die bekannteste dieser Razzien war die vom „Vélodrome d'hiver" am 16. und 17. Juli 1942.

Diese Verhaftungen und Razzien betrafen zunächst nur die Juden ohne französische Staatsangehörigkeit. Kollaborateure wie Pierre Laval, der Polizeichef René Bousquet und der Leiter des Generalkommissariats für Judenfragen, Louis Darquier de Pellepoix, gaben später vor, die ausländischen Juden den Deutschen ausgeliefert zu haben, um so die französischen Juden zu retten. Als Beweis konnten sie anführen, dass zwei Drittel der deportieren Juden keine Franzosen waren und 90 % der französischen Juden so überlebt hatten. Dies diente der extremen Rechten später als Argument, Marschall Pétain als Retter der französischen Juden zu bezeichnen.

Leibus Rosenzweig und seine Frau Rezel waren polnische Staatsangehörige und hatten es versäumt, sich naturalisieren zu lassen. So waren sie in besonderem Maße bedroht, zumal sie auch noch in der besetzten Zone wohnten.

Für Leibus waren alle diese Schikanen unerträgliche Demütigungen, die dazu führten, dass er, wie „Mémère" an Juliette schrieb, Wutanfälle bekam, das Geschäft zertrümmern wollte und in eine tiefe Depression fiel. Dies war der Grund, warum Juliette Anfang 1942 nochmals nach Vitry gefahren war. Die Gemütslage von Léon hatte sich jedoch wieder stabilisiert, so dass Juliette nach Limoges zurückkehren konnte.

Am 15. Oktober 1942 starb im Alter von 81 Jahren die Mutter von Leibus Rosenzweig, Malka Kornblum, die bei ihrem Sohn in Vitry wohnte. Dieser ließ eine Todesanzeige drucken und an alle Bekannten schicken. Dies zeigt deutlich, dass er trotz der täglichen Schikanen und Demütigungen, die er erlebte, keine Vorstellung davon hatte, welchen Gefahren die Juden ausgesetzt waren – und das drei Monate nach der „Rafle du Vélodrome d'hiver", als drei Brüder seiner Frau Rezel verhaftet und deportiert wurden!

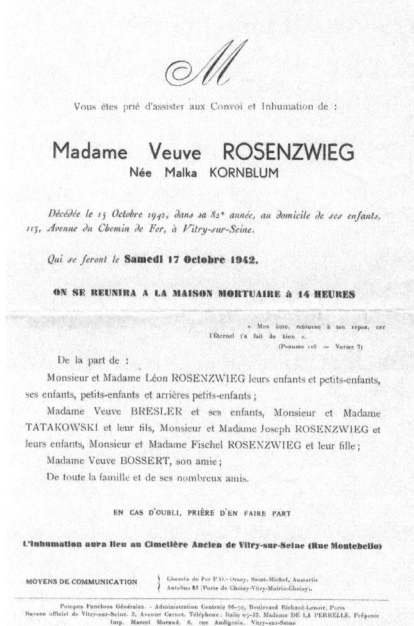

Juliette konnte zur Beerdigung nicht nach Vitry-sur-Seine kommen, war sie doch schon im 7. Monat schwanger. Jetzt wäre die Reise ohnehin zu gefährlich geworden, und so begleiteten Leibus und seine Frau Rezel, die Freunde in Vitry, die Familie Bieler und natürlich „Mémère", Malka zu ihrer letzten Ruhestätte.

Weder Juliette noch ihr Mann Léon ahnten etwas vom Ausmaß der Gefahren, denen sie ausgesetzt waren. Als sie einmal heimlich Radio BBC hörten, erfuhren sie von der Existenz der Konzentrationslager. Sie hielten das aber alles für sehr übertrieben und glaubten immer noch, dass es sich dabei lediglich um Arbeitslager handelte. Dieser Glaube herrschte bei vielen Juden in dieser Zeit vor. Man konnte sich einfach nicht vorstellen, dass von einer der größten Kulturnationen der Welt, dem Land von Händel, Bach, Mozart und Beethoven, von Goethe und Schiller, ein solcher staatlich organisierter Völkermord begangen werden konnte. Auschwitz überstieg jede menschliche Vorstellungskraft.

Wenige Wochen nach der Beerdigung von Malka Kornblum, am 9. Dezember 1942, einem Mittwoch, macht sich Leibus Rosenzweig auf den Weg zum Polizeikommissariat in das benachbarte Ivry-sur-Seine, das auch für Vitry-sur-Seine zuständig war. Der Grund: seine „Carte d'identité", die gleichzeitig als Aufenthaltsgenehmigung diente, war abgelaufen, und er wollte sie verlängern lassen. Man ist fassungslos! Da finden in ganz Frankreich laufend Razzien und Deportationen statt, da sind die Juden entsetzlichen Schikanen ausgesetzt, und anstatt sich zu verstecken, liefert sich Leibus Rosenzweig selbst seinen Häschern aus! Was dann geschah, wurde von einem Polizisten im Polizeikommissariat akribisch protokolliert.

Im Polizeikommissariat angekommen, stellt der diensthabende Beamte fest, dass es sich bei dem Antragsteller um einen Juden polnischer Staatsangehörigkeit handelt. Auch der Einwand von Leibus, er sei doch Protestant und aktives Mitglied seiner evangelischen Kirchengemeinde, interessiert den Polizisten nicht. Er fragt auch nach den Namen seiner Eltern und denen seiner Frau und deren Eltern. Die Namen Rosenzweig, Kornblum, Malouzza und Grünberg wiesen eindeutig auf seine jüdische Identität hin. Was macht nun der Polizist? Er wendet sich telefonisch an den „Service des affaires juives" mit der Bitte um Anweisungen. Dort erhält er den Hinweis, dass Rosenzweig als polnischer Jude zu der Kategorie Personen – ausländische Juden – gehöre, die interniert werden müssen. Als Jude durfte er außerdem seine Gemeinde nicht verlassen. Es ergibt sich ferner, dass Leibus mit einer Jüdin polnischer Staatangehörigkeit verheiratet ist und sie gemeinsam eine 31-jährige Tochter (Juliette) haben. Diese wohnte aber leider nicht mehr bei der Familie, so dass man ihrer nicht habhaft werden wonnte.

Zwei Beamte fahren daraufhin sofort mit Leibus zu seinem Haus in Vitry-sur-Seine und nehmen dort auch seine Frau Rezel fest. Sie dürfen noch einige Kleidungsstücke einpacken und werden dann in das Internierungslager Drancy gebracht.

Die französische Polizei erwies sich wieder einmal als williger Helfer der deutschen Besatzer. So war es ja ohnehin zwischen dem Generalsekretär der französischen Polizei René Bousquet und Theodor Dannecker, dem Leiter des Judenreferats der SD-Dienststelle in Paris, vereinbart: Alle staatenlosen und ausländischen Juden sollten deportiert und hierzu im Internierungslager Drancy gesammelt werden. Darunter fielen auch Leibus und Rezel Rosenzweig. Allerdings hätte sie ein französischer Personalausweis auch nicht geschützt, denn bald wurden auch die französischen Juden deportiert. So wurden Leibus und Rezel Rosenzweig von braven französischen Polizisten verhaftet und von ihnen nach

Drancy gebracht, wo sie von französischen Polizisten bewacht wurden.

Warum hatte der Polizist in Ivry-sur-Seine Leibus nicht sofort über die Gefährlichkeit seiner Situation aufgeklärt? Er musste wissen, dass die Juden nicht zum Arbeitseinsatz in den Osten geschickt wurden. Warum hat er ihm nicht einfach gesagt, nach Hause zu gehen und sich still zu verhalten? Dazu hätte er nicht einmal ein Widerstandskämpfer, sondern einfach nur ein „Mensch" sein müssen.

Diese Kollaboration der Polizei und der staatlichen Organe Frankreichs mit Nazi-Deutschland wurde lange Zeit tabuisiert oder einfach negiert. Es dauerte bis zum Jahre 1995, ehe mit Jacques Chirac ein französischer Präsident die Mitverantwortung Frankreichs für die Deportation der Juden anerkannte. Sein Vorgänger François Mitterrand lehnte dies strikt ab. So sagte er in einem Interview 1992:

"La République n'a rien à voir avec cela. Et j'estime moi, … que la France non plus n'en est pas responsable, que ce sont des minorités activistes qui ont saisi l'occasion de la défaite pour s'emparer du pouvoir et qui sont comptables de ces crimes-là, pas la République, pas la France. Et donc je ne ferai pas d'excuses au nom de la France."

Übersetzung:

„Die Republik hat damit nichts zu tun. Und ich bin der Meinung, … dass auch Frankreich nicht dafür verantwortlich ist, sondern dass es aktivistische Minderheiten waren, die die Gelegenheit der Niederlage nutzten, um die Macht an sich zu reißen, und die für diese Verbrechen verantwortlich sind, nicht die Republik, nicht Frankreich. Und deshalb werde ich mich nicht im Namen Frankreichs entschuldigen."

Eine wahrlich bemerkenswerte Aussage von einem Mann, der von 1942 bis 1943 selbst über ein Jahr lang Maréchal Pétain in Vichy diente und von diesem für seine Verdienste um den „Etat français" den höchsten Orden des Vichy-Regimes, die „Francisque" erhielt.

2. DRANCY - AUSCHWITZ

Drancy liegt nordöstlich von Paris, wenige Kilometer von der Stadtgrenze entfernt. In einem noch nicht vollendeten, größeren Wohnkomplex wurde dort 1940 zunächst ein Kriegsgefangenenlager und 1941 ein Internierungslager für Juden eingerichtet, das von der französischen Polizei beaufsichtigt wurde. Ab 1942 war es das wichtigste Durchgangslager für Juden vor ihrer Deportation. 90 % aller Juden, die nach Auschwitz deportiert wurden, waren zunächst in Drancy interniert. Insgesamt waren es 67.000.

Leibus Rosenzweig und seine Frau Rezel kamen also Anfang Dezember in dieses Lager. Man kann sich das Grauen nicht vorstellen, in dem sie die nächsten Wochen verbrachten. Das Lager war ursprünglich für 700 Gefangene vorgesehen, jetzt waren dort etwa 3.800 Menschen auf engstem Raum zusammengepfercht. Die sanitären Anlagen waren unbeschreiblich, die Versorgung mit Nahrungsmitteln völlig unzureichend, so dass bis Sommer 1944 etwa 150 Gefangene an Unterernährung oder Krankheiten wie der Ruhr starben. Etwa ein Dutzend der Inhaftierten begingen Selbstmord. Zeitweise waren mehrere hundert Kleinkinder ohne ihre Eltern dort eingesperrt, was zu unvorstellbaren, grauenvollen Szenen führte. Hinzu kam die psychische Belastung der Gefangenschaft, denn die Menschen wussten nicht, was mit ihnen geschehen würde.

Die Gefangenen hatten die Möglichkeit, Postkarten mit kurzen Texten nach draußen zu schicken. Drei solcher Botschaften von Leibus sind erhalten, teilweise sind sie aber kaum mehr leserlich, da sie mit Bleistift geschrieben wurden. Sie enthalten den Kontrollstempel mit der Aufschrift „Camp d'internement de Drancy - Bureau de Censure – Préfecture de Police" – und auf der Briefmarke das Bild von Marschall Pétain.

Am 16. Dezember 1942, mit Poststempel vom 21. Dezember, schrieb Leibus an seine Tochter in Limoges, dass er mit seiner Frau in Drancy interniert sei und bat wegen der schlechten Verpflegung darum, ihnen etwas zu Essen zu schicken. Vor allem aber sollten sie sich keine Sorgen machen, es ginge ihnen ansonsten gut. Hier der gesamte Text:

Ne vous effrayez pas. J'espère que vous êtes tous en bonne santé, ainsi que toute la famille. Ici tout va bien, mais nourriture faible. Si tu peux nous envoyer à manger des petites pommes cuites et haricots cuits un peu de beurre si tu peux du sel enfin tout ce que tu pourras sera le mieux. Écris-nous si Mémère a déjà ......de notre arrestation quand j'ai été changer la carte d'identité. Maman et moi nous vous embrassons tous et attendons de vos bonnes nouvelles. Si vous avez des verres ou gobelets quelque chose pour boire de l'eau. Bien le bonjour à tous vous, aussi bien de tout cœur notre petit fils. Rosenzweig N'oubliez pas du pain si vous pouvez …. (illisible) Rosenzweig

Übersetzung:

Erschreckt nicht. Ich hoffe, dass es Euch und der ganzen Familie gut geht. Hier geht alles gut, aber wir haben wenig zu essen. Wenn du uns etwas zu essen schicken kannst, kleine gekochte Kartoffeln und gekochte Bohnen, ein bisschen Butter, wenn du kannst, etwas Salz und alles, was du kannst, wäre gut. Schreibe uns, ob Mémère schon ......von unserer Verhaftung, als ich den Personalausweis geändert habe. Mama und ich umarmen euch alle und warten auf eure guten Nachrichten. Wenn ihr Gläser oder Becher habt, um Wasser zu trinken. Viele Grüße an Euch alle von ganzem

Herzen, sowie unseren Enkel. Vergesst nicht Brot, wenn Ihr könnt ,,,,
(unleserliche) Rosenzweig

Auf der letzten Postkarte vom 9. Februar mit Poststempel vom
10. Februar 1943 schrieb Leibus Rosenzweig an seine Tochter
in Limoges:

Mes chers enfants,
Je vous écris moi et ta mère pour vous annoncer que nous partons pour
une destination inconnue. Surtout mes chéris il ne faut pas vous faire du
mauvais sang car il faut espérer que bientôt nous serons tous réunis, de
vous dire que nous avons envoyé 3.300 francs qui étaient ..... ici.
J'espère que vous allez très bien et que les enfants vont bien. Nous avons
envoyé aussi ma montre à sœur Marie Hélène qui était dans la réunion
chez Mme Bieler. Ne vous inquétez pas de nous. Il ne faut pas vous
faire du mauvais sang, car c'est notre Destin.

Übersetzung:

Liebe Kinder,
Ich und Deine Mutter schreiben Euch um Euch mitzuteilen, dass wir zu
einem unbekannten Ort abreisen. Vor allem, meine Liebsten, macht Euch
keine Sorgen, denn wir müssen hoffen, dass wir bald alle wieder vereint
sein werden. Ich sage Euch auch, dass wir 3.300 Francs geschickt haben,
die hier (unleserlich) waren. Ich hoffe, dass es Euch und den Kindern gut
geht. Wir haben meine Uhr Schwester Marie-Hélène, die in den
Versammlungen bei M. Bieler war, geschickt. Macht Euch um uns keine
Sorgen, denn dies ist unsere Bestimmung.

Diese Karte bewahrte Juliette Zeit ihres Lebens in
ihrem Portemonnaie auf. Sie erinnerte sie so jeden Tag an das
Schicksal ihrer Eltern.

Dies war die letzte Nachricht aus Drancy. Wie aus den Unterlagen der „Archives du Centre de Documentation Juive Contemporaine" in Paris hervorgeht, verließ der Transport N° 46 am 9. Februar 1943 um 11 h 09 den Bahnhof von Le Bourget-Drancy. Er umfasste genau 1.000 Personen, darunter Leibus und Rezel Rosenzweig, sowie 130 Kinder. Der Transport kam am 11. Februar in Auschwitz-Birkenau an. Sie waren also zwei Tage in den Viehwagons eingesperrt.

Bei der Ankunft wurden 77 Männer und 92 Frauen für die Arbeit selektiert, alle anderen wurden sofort in die Gaskammern geschickt – darunter auch Leibus und Rezel Rosenzweig. Sie starben drei Wochen nach der Geburt ihrer Enkelin Eliane, im Alter von 58 bzw. 57 Jahren. Von den 1.000 Deportierten des Transports kehrten nach Ende des Krieges nur 21 zurück.

SS-Obersturmführer Heinz Röthke, Leiter des Juden-referats der Gestapo in Frankreich, der die Transporte orga-nisierte, zeigte sich in einem Brief an das Reichssicher-heitshauptamt über den Ablauf der Deportation zufrieden. Nach dem Krieg wurde er von der französischen Justiz in Abwesenheit zum Tode verurteilt, blieb in der Bundesre-publik aber unbehelligt und erhielt vom Freistaat Bayern als früherer Beamter eine Pension.

Die letzte Karte aus Drancy:

CARTE POSTALE

EXPÉDITEUR

DESTINATAIRE

3. DIE RÜCKKEHR VON JULIETTE UND LÉON NACH VITRY-SUR-SEINE

Anfang November kehrten Juliette und Léon mit den beiden Kindern nach Vitry-sur-Seine zurück. Dort erwarteten sie einige Überraschungen. „Mémère" hatte das Haus in ihrer Abwesenheit gehütet, aber jetzt hatte sich im Laden und im Untergeschoss die Résistance eingerichtet, die sie nicht mehr in ihr eigenes Haus einziehen lassen wollten, da die Inhaber deportiert worden seien. Nach der Klärung der Situation mit Hilfe der Stadtverwaltung konnten sie wieder in die Wohnung einziehen, deren Zimmer von den Deutschen versiegelt worden waren. Die Siegel mit dem Hakenkreuz blieben als eine Art Mahnmal noch viele Jahrzehnte an den Türrahmen.

Es dauerte einige Wochen, bis auch der Laden und das Untergeschoss von der Résistance geräumt wurden und Léon wieder die Verkaufsräume herrichten konnte. In der Zwischenzeit hatte er in der Kantine einer Schule von Vitry gearbeitet. Der Lebensunterhalt der Familie musste ja irgendwie gesichert werden.

Wo aber waren die Eltern? Juliette hatte einige Zeit noch die Hoffnung, dass sie aus dem „Arbeitslager" im Ostern wieder nach Hause kommen würden. Bald aber war klar, dass sie im Osten in einem Konzentrationslager waren und dort vermutlich ermordet worden waren. Juliette schrieb zahlreiche Briefe an verschiedene Stellen, um Auskunft über ihre Eltern zu erhalten. Es dauerte fast drei Jahre, bis sie den offiziellen Bescheid erhielt: Die Verwaltung des Lagers Drancy hatte korrekte Liste von allen Deportierten erstellt, mit Namen, Vornamen, Geburtsort, Adresse, Nationalität etc.. Die Eltern von Juliette standen auf einer der Listen, und sie waren sofort nach ihrer Ankunft in Auschwitz in die Gaskammer geschickt worden.

Juliette wurde offiziell als Erbin des Geschäfts eingetragen, und zusammen mit ihrem Mann Léon führte sie es bis in die 70-er Jahre weiter. Allerdings war es nunmehr kein Bekleidungsgeschäft mehr, sondern spezialisierte sich auf Sportartikel und -bekleidung. Es firmierte nunmehr als „Léon Sports".

Mémère war im Januar 1947 im Alter von über 80 Jahren gestorben und wurde im Familiengrab der Bossert-Naudé in Epernay beerdigt. Die Eltern und die geliebte Mémère lebten nicht mehr. Für Juliette und Léon begann nun ein neuer Lebensabschnitt.

DIE NACHKOMMEN VON BEREK ROSENZWEIG UND MALKA KORNBLUM

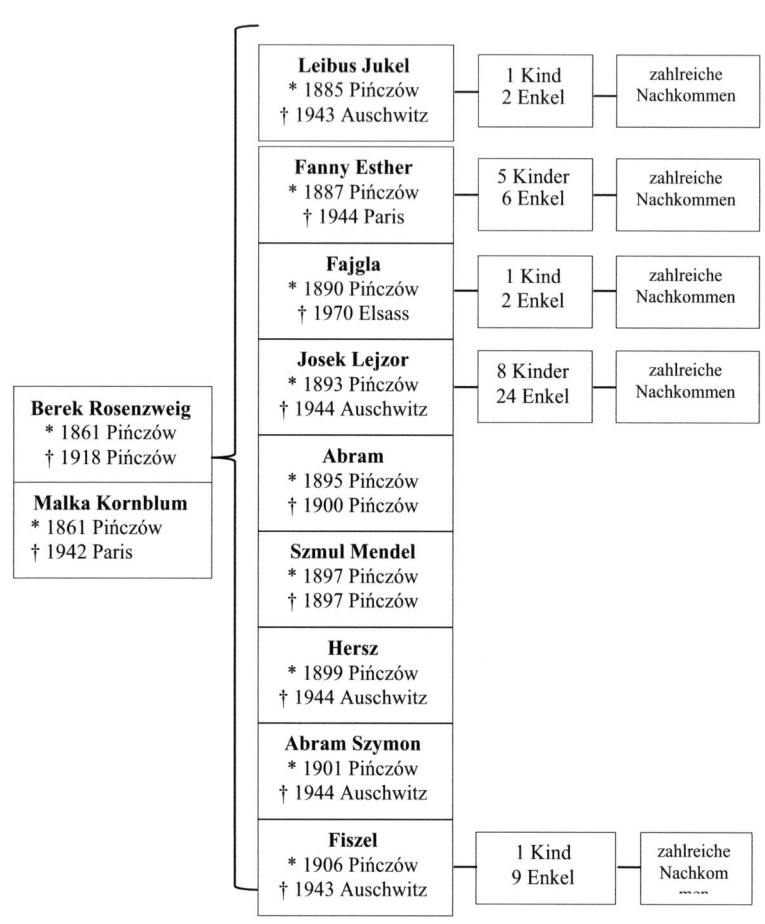

Berek Rosenzweig
* 1861 Pińczów
† 1918 Pińczów

Malka Kornblum
* 1861 Pińczów
† 1942 Paris

Leibus Jukel
* 1885 Pińczów
† 1943 Auschwitz

1 Kind
2 Enkel

zahlreiche
Nachkommen

Fanny Esther
* 1887 Pińczów
† 1944 Paris

5 Kinder
6 Enkel

zahlreiche
Nachkommen

Fajgla
* 1890 Pińczów
† 1970 Elsass

1 Kind
2 Enkel

zahlreiche
Nachkommen

Josek Lejzor
* 1893 Pińczów
† 1944 Auschwitz

8 Kinder
24 Enkel

zahlreiche
Nachkommen

Abram
* 1895 Pińczów
† 1900 Pińczów

Szmul Mendel
* 1897 Pińczów
† 1897 Pińczów

Hersz
* 1899 Pińczów
† 1944 Auschwitz

Abram Szymon
* 1901 Pińczów
† 1944 Auschwitz

Fiszel
* 1906 Pińczów
† 1943 Auschwitz

1 Kind
9 Enkel

zahlreiche
Nachkommen

4. DIE FAMILIE VON REZEL SCHER/SZER

Die Scher (oder Szer) stammten aus der Gegend von Opole Lubelskie, etwa 50 km westlich von Lublin. Wie berichtet, liegt der Ort 160 km von Pińczów entfernt, und es ist deshalb nahezu ausgeschlossen, dass sich Leibus und Rezel schon in Polen gekannt haben. Ganz offensichtlich lernten sie sich 1910 in Paris kennen.

Opole Lubelskie ist heute eine Kleinstadt mit 8.600 Einwohnern und hatte vor dem Zweiten Weltkrieg eine große jüdische Gemeinde. Während des Krieges wurde dort ein Ghetto errichtet, das gleichzeitig Durchgangslager für Deportierte aus mehreren europäischen Ländern, viele davon aus Österreich, war. Die ca. 9.000 Insassen – dies waren also weit mehr als die Gemeinde damals Einwohner hatte – wurden alle in die Konzentrationslager von Belzec und Sobibor deportiert. Nur sehr wenige überlebten. Als diese Ereignisse stattfanden, hatten Rezel Scher und ihre Geschwister den Ort längst verlassen und waren nach Frankreich emigriert.

Die Eltern von Rezel Scher, Herschel Scher und seine Frau Judes geborene Maloutza hatten drei Kinder: die Töchter Hélène, Dora und Rezel. Die Mutter starb 1885 nach der Geburt von Rezel, und der Vater heiratete erneut. Aus der zweiten Ehe stammen die Söhne Henri, Jacob und Isaac, die nach Frankreich emigrierten, sowie ein vierter Sohn, dessen Namen wir nicht kennen. Wahrscheinlich hatte Henri einen anderen Geburtsnamen, den er durch den französischen Namen ersetzte. So tat dies auch die in Pinsk geborene Schwester von Léon Kahan, Enta, die sich in Frankreich Henriette nannte.

Nach Aussage von Juliette wurden die drei nach Frankreich ausgewanderten Söhne in der „Rafle du vélodrome d'hiver" am 16. und 17. Juli verhaftet und nach Auschwitz deportiert. Das trifft aber nicht exakt zu. In den Arolsen Archiven findet sich eine Deportationsliste vom 17. Juli 1942 mit dem Abtransport Nr. 6 von 1049 Juden vom Bahnhof Pithiviers nach Auschwitz. Auf ihr steht auch Isaak Scher aus Opole Lubelskie, damals 38 Jahre alt. Am 31. Juli wurden die beiden anderen Brüder, Henri und Jacob, mit dem „Abschub" Nr. 13, ebenfalls vom Bahnhof Pithiviers, deportiert. Sie wurden 46 bzw. 44 Jahre alt.

Der Vater Herschel Scher wahrscheinlich auf Besuch in Paris, mit seinen drei Söhnen Jacob, Isaac und Henri (von links nach rechts) und der Frau von Henri.

Von Isaak und von Henri wissen wir, dass sie verheiratet waren und Kinder hatte. Die Frau von Henri ist auf dem Foto abgebildet, ihren Namen kennen wir aber leider nicht. Über den Verbleib von ihnen ist nichts bekannt. Wahrscheinlich wurden auch sie ermordet, denn es gibt nach dem Krieg keinen Kontakt mit ihnen.

Der vierte Sohn blieb in Polen. Leider haben wir keine Informationen über ihn. Entweder er ist noch vor dem Krieg in Polen gestorben, oder er wurde ebenfalls ermordet. Denn nach dem Krieg hatte auch er keinen Kontakt mehr mit seinen Halbschwestern in Paris. So überlebten von den sieben Kindern nur die beiden Töchter aus erster Ehe, Hélène und Dora. Von insgesamt sieben Kindern wurde vier bzw. fünf ermordet.

DIE FAMILIE SCHER / SZER

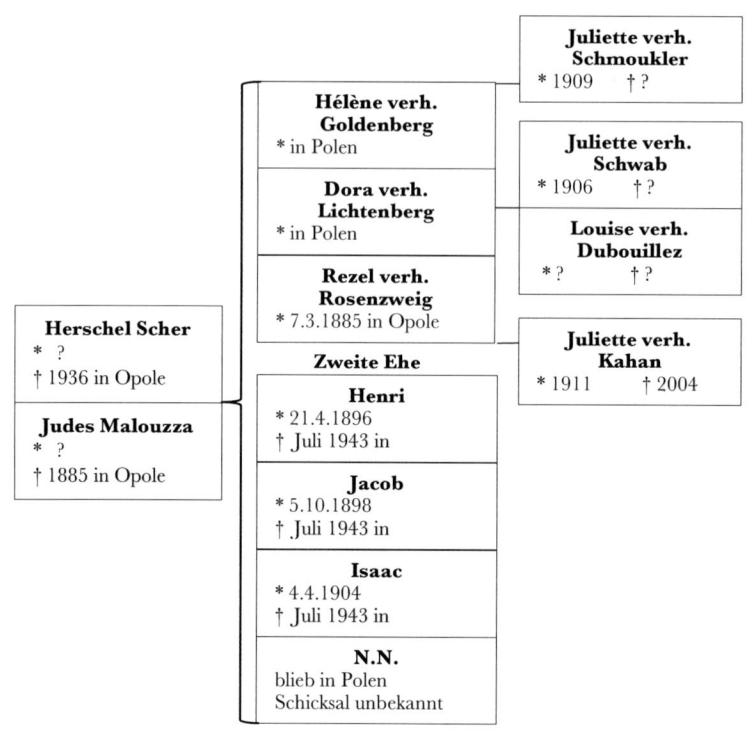

Herschel Scher
* ?
† 1936 in Opole

Judes Malouzza
* ?
† 1885 in Opole

Hélène verh. Goldenberg
* in Polen

Dora verh. Lichtenberg
* in Polen

Rezel verh. Rosenzweig
* 7.3.1885 in Opole

Zweite Ehe

Henri
* 21.4.1896
† Juli 1943 in

Jacob
* 5.10.1898
† Juli 1943 in

Isaac
* 4.4.1904
† Juli 1943 in

N.N.
blieb in Polen
Schicksal unbekannt

Juliette verh. Schmoukler
* 1909   † ?

Juliette verh. Schwab
* 1906   † ?

Louise verh. Dubouillez
* ?   † ?

Juliette verh. Kahan
* 1911   † 2004

V. DIE GESCHWISTER VON LEIBUS/LÉON
UND IHR SCHICKSAL

1. JOSEK LEISOR

Josek, der sich nach seiner Ankunft in Frankreich Joseph nannte, wurde am 13. Juni 1893 in Pińczów geboren. Er war also acht Jahre jünger als sein Bruder Leibus/Léon. Er hatte ebenso das Schneiderhandwerk gelernt und im Alter von 16 Jahren seine Heimat verlassen, wie sein Enkel Jean-Marie Rosenzweig berichtete. Es muss also im Jahre 1909 gewesen sein, und er ging zunächst nach Rotterdam, wo Leibus bereits seit einem Jahr wohnte. Dort ließ er sich mehrfach mit ihm fotografieren.

Das Foto zeigt ihn mit seinem Bruder Leibus vor dem Ersten Weltkrieg in Rotterdam. Es wurde im April 1920 aufgenommen.
Josek muss wohl einige Zeit in Rotterdam geblieben sein. Am 3. April 1920 schickte er seinem Bruder das auf der folgenden Seite abgebildete Foto mit der Widmung (wörtlich):

„Zum Aandenkug von mir Eur Bruder J.L. Rosenzwaig. Ich Grusse Euch Aale von Tifen Herzin".
Der Text war wohl stark an die jiddische Sprache angelehnt.
Josek hatte nicht die Absicht, für immer in Rotterdam zu bleiben. Er dachte wohl an eine Übersiedlung nach England und reiste in dieser Absicht nach London. Dort lernte er eine junge Frau namens Rifka Jacobovitsch kennen und verliebte sich in sie.

Wenig später, am 5. Mai 1920, schickte er seinem Bruder eine Postkarte, auf der er mit ihr abgebildet ist. Auf der Rückseite schrieb er den Text in Englisch: „Dear Leon, we send you our photo if you like it. We send you our best regards

from us, Joe and Becky".
Becky war am 16. Dezember 1902 als Rifka Jacobowitz in Łódź zur Welt gekommen und wanderte mit ihrer Familie kurze Zeit später nach London aus. Dort lernte sie Josek

Rosenzweig kennen. Kurz nach der Begegnung wurde Becky schwanger, und am 15. September 1920 heirateten sie in Rotterdam, wo Josek damals noch lebte; zu diesem Zeitpunkt war Rifka also 17 Jahre alt. Kurze Zeit später zog Josek mit seiner Frau nach Colmar, wo er ein Bekleidungsgeschäft eröffnete.

Die erste Ehe von Josek endete tragisch. Bald nach der Geburt einer Tochter 1921 begann Josek eine Beziehung mit einer anderen Frau, die von ihm schwanger wurde. Als Becky dies erfuhr, nahm sie sich im Alter von 19 Jahren das Leben, indem sie sich von der Besucherplattform der Kathedrale von Straßburg in die Tiefe stürzte. Dies geschah am Sonntag, dem 25. Juni 1922, um 11 Uhr 15. Die Straßburger Zeitung „Dernières Nouvelles d'Alsace" berichteten ausführlich über dieses tragische Ereignis.

Einige Monate später, am 22. Dezember 1922, heiratete Josek Victoire Anne Pfeiffer, geboren 1902 in dem kleinen Ort Schüpfheim im Schweizer Kanton Luzern. Ihr Vater Louis Pfeiffer stammte aus Kaysersberg im Elsass, das damals zum Deutschen Kaiserreich gehörte und wo er 1873 zur Welt

gekommen war. 1914 wurde er eingezogen und nahm als deutscher Soldat am Weltkrieg teil. Im selben Jahr, 1914, starb seine Frau Maria Anna Schmid, die aus dem Kanton Aargau in der Schweiz stammte, im Alter von nur 38 Jahren.

Die Tochter Anna blieb noch vier Jahre in der Schweiz. Sie wohnte bei ihrem Paten und arbeitete bei einem Hutmacher. Mit 16 Jahren, am Ende des Krieges, ging sie zu ihrem Vater nach Kaysersberg, wo sie den Beruf der Schneiderin erlernte.

Das Geschäft in Colmar

Wir wissen nicht mit Sicherheit, wo Josek seine Frau kennengelernt hatte. Wahrscheinlich arbeitete sie bei ihm als Schneiderin in seinem Geschäft „Au Tailleur Anglais" in Colmar. Und so sind sie sich wohl nähergekommen.

Anna und Josek bekamen nicht weniger als acht Kinder. Das älteste Kind, Bernard, war bereits am 15. November 1922, also einen Monat vor der Eheschließung, zur Welt gekom-men. Danach folgten Claire (1924), Marcel (1927), Marlyse (1929), Rachel, die sich Josephine nannte (1931), Suzanne (1934), Jean-Louis (1936) und Robert (1941).

Josek war ein stolzer Familienvater. Es gibt viele Fotos von ihm und seiner Frau mit den Kindern, auch bei Ausflügen in die Natur. Auf dem Foto links, aufgenommen um 1930, sitzt das vierte Kind, Marlyse, im Kinderwagen. Auf dem weiteren Bild, aufgenommen in der Umgebung von Colmar, ist auch schon das fünfte Kind, Rachel, abgebildet. Das Foto wurde wohl um 1933 aufgenommen.

Es sollten noch drei weitere Kinder hinzukommen. Das

letzte, Robert, wurde am 15. Januar 1941 geboren, als Josek Colmar als Jude auf Befehl der deutschen Besatzungsmacht Colmar wohl schon verlassen hatte.

Nun hatte Joseph, wie auch sein Bruder Leibus, keinen aktiven Bezug mehr zum Judentum. Darüber hinaus war er mit einer katholischen Frau aus der Schweiz bzw. dem Elsass verheiratet, mit der er acht Kinder hatte, so dass man eigent-

lich annehmen konnte, dass er von den antijüdischen Maßnahmen verschont bleiben würde. Dem war aber nicht so.

Das Foto wurde in Colmar Mitte der 30-er Jahre aufgenommen. Es zeigt von links
nach rechts: die Tochter Claire, seine Frau Anna, Josek, Bernard Tatarkowski (der
Sohn von seiner Schwester Fajgla und ihrem Mann Joël), Großmutter Malka, der
Sohn Bernard und die Tochter Rachel/Josephine, die Schwester Fajgla, Bruder
Leibus und Joël Tatarkowski.

Mit der deutschen Besetzung 1940 mussten alle Juden das
Elsass verlassen. Mit seinem ältesten Sohn Bernard ging er
deshalb nach Moustiers-Sainte-Marie im Departement
„Alpes-de-Haute-Provence, wo er im Straßenbau tätig war
und daneben noch Arbeiten als Schneider erledigte. Sein
Sohn kehrte bald nach Colmar zu den Geschwistern und
seiner Mutter, die das Geschäft weiter führte, zurück. Auf
Anraten des Pfarrers der Stadt ließ sie die Kinder katholisch
taufen.

 Im Mai 1942 musste Anna mit ihren Kindern ebenfalls das Elsass verlassen, nachdem sie Probleme mit den deutschen Besatzungs-behörden bekommen hatte. Bernard, damals 19 Jahre alt, wurde verdächtigt, Schwarz-handel zu betreiben und kam in das Lager Schirmeck.

Anna nahm also mit ihren acht Kindern den Zug nach Moustiers-Sainte-Marie, wo sie von ihrem Mann nicht gerade freudig empfangen wurde. Seine Wohnung war viel zu klein, so dass Anna eine andere Unterkunft suchte und eine solche im 45 km entfernten Mallemoisson, in der Nähe von Digne, fand.

Joseph dachte, er würde nicht allzu lange in Moustiers-Sainte-Marie bleiben, denn bald würde der Krieg vorüber sein und er wieder in das Elsass mit seiner Familie zurück-kehren können.

Warum Josek nach Moustiers-Sainte-Marie ging und nicht nach Limoges, lässt sich heute nicht mehr klären. Vielleicht sah er einen Vorteil darin, dass er dort nicht allzu weit entfernt von Colmar lebte.

Seinen Lebensunterhalt verdiente er sich damals mit allerlei Hilfstätigkeiten auf Baustellen und mit Schneider-arbeiten, darunter auch für die Mitglieder der dort stationier-ten französische Gendarmerie. Man hätte denken können, dass er dort in Sicherheit war, aber leider wurde er verraten und im Mai 1944 an die Gestapo ausgeliefert.

Moustiers-Sainte-Marie lag zunächst in der Freien Zone von Vichy-Frankreich, wo die Judenverfolgungen nicht mit derselben Radikalität wie in der besetzten Zone stattfanden. Ab November 1942 war die Region östlich der Rhone sogar ein relativ sicherer Zufluchtsort für die Juden, da sie ab diesem Zeitpunkt von der italienischen Armee besetzt war.

Nach der Landung der Amerikaner und Briten in Nordafrika und deren offensichtlichen Verständigung mit den Truppen der Vichy-Regierung hatte Hitler am 11. November 1942 die Besetzung ganz Frankreichs angeordnet. Gleichzeitig erweiterte auch die italienische Armee ihre Besatzungszone bis zur Rhône, mit Ausnahme der Stadt Lyon, nachdem es ursprünglich nur einen schmalen Streifen an der Grenze zu Italien besetzt hielt. (siehe Karte). Dies hatte eine große Bedeutung für die Juden in der Region.

Italien und Mussolini, (der angeblich sogar eine jüdische Geliebte hatte), waren der rabiate Antisemitismus von Hitler-Deutschland fremd. Die italienische Besatzungsarmee  gewährte den jüdischen Bürgern weitgehenden Schutz und weigerte sich, die Juden den Deutschen auszuliefern, woran auch deren Proteste nichts ändern konnten. Und als die italienische Regierung in Nizza ein Kommissariat für jüdische Fragen einrichtete, ernannte sie den Polizeichef von Bari, Guido Lospinoso, zu ihrem Direktor. Dieser zeichnete sich vor allem durch seine Inaktivität bei der Verfolgung von Juden aus und überlies die Arbeit seinem Berater, dem jüdischen Diplomaten Angelo Donati, der seine wichtigste Aufgabe darin sah, die Juden zu retten. Er war im September 1943 schon dabei, eine umfassende Rettungsaktion der etwa 25.000 dort lebenden Juden mit Hilfe von gecharterten Schiffen zu organisieren, als sich die Situation in dramatischer Weise änderte. Italien schloss im September 1943 mit den Alliierten einen Waffenstillstand und wechselte das Lager. Nunmehr besetzte die Wehrmacht auch die italienische Besatzungszone.

Josek befand sich jetzt also in großer Gefahr, da auch in dieser ehemaligen Randzone von Vichy-Frankreich Sicherheitsdienst und Gestapo Jagd auf die Juden machten. Es waren die abscheulichsten Judenverfolger, Alois Brunner oder Klaus Barbie, die diese Aktionen leiteten. Alois Brunner gehörte zu den fanatischsten Judenverfolgern. Er war Leiter des Lagers Drancy und begab sich sofort nach der Besetzung der italienischen Zone durch die Wehrmacht in die Region, wo er Jagd auf Juden machte. Ihm fielen vor allem die Juden in Nizza zum Opfer, wie wir im Falle des Bruders von Josek, Fiszel, noch sehen werden. Nach dem Krieg konnte er fliehen und lebte in Syrien unter Protektion der Familie Assad.

Klaus Barbie war damals Chef der Gestapo in Lyon und war vor allem bekannt durch seine grenzenlose Brutalität, mit der er zahlreiche Menschen ermordete. Nach dem Krieg floh er mit Hilfe der CIA nach Südamerika und lebte in Bolivien unter dem Namen Klaus Altmann. Dank Beate und Serge

Klarsfeld konnte er Anfang der 70-er Jahre dort ausfindig gemacht werden, aber erst mehre Jahre später gelang es, ihn nach Frankreich überstellen zu lassen. Dort wurde er 1987 nach einem Prozess in Lyon zu lebenslanger Haft verurteilt, in der er 1991 starb.

Josek wurde jedenfalls im Mai 1944 verhaftet und umgehend nach Drancy transportiert. Dort blieb er nur wenige Tage. Denn laut den von den deutschen Besatzern akkurat geführten Listen wurde er mit dem Transport N° 75 am 30. Mai 1944 nach Auschwitz deportiert, mit eben jenem Transport, mit dem auch 44 Kinder aus dem Kinderheim von Isieu saßen. Sie waren von Klaus Barbie mit ihren Betreuern verhaftet und deportiert worden. Keines der Kinder überlebte.

Am 4. Juni, zwei Tage vor der Landung der Alliierten in der Normandie, wurde Josek in der Gaskammer ermordet. Laut der Transportliste galt er eigentlich als „Arbeitsjude", aber offensichtlich überzeugte dies nicht die Ärzte und Offiziere an der Rampe in Auschwitz-Birkenau.

Er starb wenige Tage vor seinem 51. Geburtstag, der Ehemann einer katholischen Elsässerin, Vater von acht Kindern; das jüngste war gerade drei Jahre alt! Seine Witwe Anna musste ihre Kinder allein großziehen.

Mit allen Kindern, Enkeln, Urenkeln und mehreren Verwandten feierte sie 1982 im Elsass ihren 80. Geburtstag. Sie starb zwei Jahre später.

2. FISZEL ROSENZWEIG UND SEINE FAMILIE

Fiszel Rosenzweig war der jüngste Sohn der Familie, geboren am 28. März 1906. Seine Mutter war bei der Geburt schon 44 Jahre alt. Auch er hatte das Schneiderhandwerk gelernt und verließ seinen Geburtsort Pińczów, um sich in Frankreich niederzulassen, dort wo auch schon einige seiner älteren Geschwister lebten.

Fiszel lebte wie sein Bruder Josek in Colmar im Elsass und übte dort ebenfalls das Schneiderhandwerk aus. Es gibt ein Foto, aufgenommen am 9. Oktober 1927 in Schirmeck im Elsass, auf dem er als 21-Jähriger mit einer Gruppe von etwa 80 Personen abgebildet ist. Vermutlich machten sie einen Ausflug und gehörten der gleichen Berufsgruppe an. Fiszel sitzt in der Mitte der zweiten Reihe und trägt eine Fliege.

Offensichtlich hatte er eine sehr enge Bindung zu seiner Familie, wovon zahlreiche Fotos zeugen. Ein besonders

 schönes wurde 1931 aufge-
nommen. Es zeigt ihn im
Alter von 25 Jahre mit seiner
damals 70-jährigen Mutter
Malka, seinem Bruder
Leibus, dessen Frau Rezel,
sowie deren Tochter Juliette,
damals 20 Jahre alt.

Am 5. September 1933,
im Alter von 27 Jahren,
heiratete er im Rathaus von
Straßburg Eugénie Milgram,
geboren am 13. Mai 1910 im
polnischen Łódź, von wo ihre Familie 1926 nach Frankreich
auswanderte. Ihr Vater war Jacob Moszek Milgram, die
Mutter hieß Chana Bajla Zelman.

Von der Hochzeit gibt es ein Foto von leider sehr schlechter Qualität, und man kann die Braut kaum erkennen. Neben ihr sitzt die Mutter von Fiszel, Malka Kornblum, und links dahinter die Nichte des Bräutigams, Juliette Rosenzweig, daneben die Mutter der Braut. Rechts neben Fiszel sitzen die Rabbiner.

Das offizielle Hochzeitsfoto zeigt ein glückliches Paar, und einige Jahre später zeigen sie stolz ihre Tochter Anna Bluma, geboren am 16. Februar 1935 in Colmar, die von der Familie Annette genannt wurde und die sich später, als sie in Israel lebte, Chana nannte.

Fiszel zog bald nach der Geburt der Tochter mit seiner Familie nach Paris. Nach dem Einmarsch der Wehrmacht floh die Familie in die Freie Zone nach Limoges. Dort wohnten bereits die Eltern von Eugénie, sowie ihr Bruder Yechiel, dessen Frau Rivka und deren Sohn Jean (ursprünglich Shlomo), der 1924 noch in Łódź geboren wurde und von dem noch die Rede sein wird. Limoges war ein Zufluchtsort für viele Juden, und auch Léon Kahan mit seiner Frau Juliette überlebten dort die Zeit des Krieges

Der Familie Milgram gelang es leider nicht, die französische Staatsangehörigkeit zu erlangen. Auch Fiszel und Eugénie behielten die polnische Staatsangehörigkeit bei und blieben damit Ausländer in Frankreich, was die Gefahr der Deportation deutlich erhöhen sollte; nur die Tochter Anna Bluma erhielt die französische Staatsangehörigkeit, was auch deshalb leichter war, weil sie in Frankreich geboren wurde.

Was das Schicksal der Familie betrifft, ging aus den Dokumenten des „Schwarzen Koffers" nur hervor, dass Fiszel und Eugénie Ende 1943 in Nizza verhaftet und dann mit dem Transport N° 62 am 20. November 1943 von Drancy aus nach Auschwitz deportiert und gleich nach ihrer Ankunft dort ermordet wurden. Ihre Tochter Annette, damals acht Jahre alt, konnte gerettet werden und siedelte später nach Israel über.

Was aber war zwischen dem Verlassen von Paris und der Deportation von Fiszel und Eugénie geschehen? Wie konnte Anna gerettet werden? Einige Antworten hierauf ergab der Kontakt mit der Familie von Eugénie, die ebenfalls nach dem Krieg nach Israel ausgewandert war.

Unter den Formularen von Yad Vashem mit den Opfern des Holocaust, die man im Internet einsehen kann, fand sich auch eines mit den persönlichen Daten von Fiszel und Eugénie Rosenzweig. Ausgefüllt worden war es von Eugénies Neffen namens Shlomo Rimon, dessen Adresse dort auch vermerkt war. Ich schrieb ihm also im Februar 2020 einen Brief, in dem ich um Informationen über seine Tante Eugénie und deren Tochter Anna bat. Als ich schon die Hoffnung auf eine Antwort aufgegeben hatte, erhielt ich am 18. Mai 2020 ein E-Mail vom Sohn des Shlomo Rimon, Yaakov (Jacques) Rimon. Sein Vater war schon vor über zwanzig Jahren gestorben, und so dauerte es etwas länger, bis er meinen Brief erhielt.

Danach entwickelte sich ein sehr herzlicher Dialog per E-Mail und Telefon, was dadurch erleichtert wurde, dass Yaakov fließen Französisch spricht. Yaakov, in Französisch Jacques, berichtete auch, dass sein Vater bei der Übersiedlung nach Israel seinen Namen Jean Milgram ablegte und den Namen Shlomo Rimon wählte. Auf sein abenteuerliches Leben wird später noch eingegangen werden.

Fiszel und Eugénie waren 1940 also nach Limoges geflohen und wohnten dort in der Rue Charles Michels Nr. 18. Der Bruder von Eugénie wohnte nicht weit von dort, in der Rue Montmaillier Nr. 42. Da Limoges in der freien Zone lag, war dort anfangs das Leben noch etwas erträglicher als in der besetzten Zone. Das Jahr 1942 brachte jedoch, wie berichtet, eine dramatische Wende, die durch zwei Ereignisse geprägt war.

Auf der Wannseekonferenz am 20. Januar 1942 wurde die Organisation der Vernichtung der Juden Europas beschlossen. In der Folge begannen bald auch in Frankreich die systematischen Razzien nach Juden und deren Deportation nach Auschwitz, nachdem sie zunächst in verschiedenen Lagern, in Pithiviers, Beaune-la-Rolande und vor allem

Drancy eingesperrt wurden. Auch im unbesetzten Teil Frankreichs waren nun solche Razzien an der Tagesordnung, wobei diese zunächst vor allem die Juden ohne französische Staatsangehörigkeit betrafen. Bis zum September 1942 waren etwa 18.000 Juden aus der besetzten Zone gegenüber „nur" 9.000 aus der unbesetzten Zone deportiert worden.

Als am 8. November 1942 die Amerikaner und Briten in Nordafrika landeten, besetzte die Wehrmacht drei Tage später auch die bislang freie Zone. Für Fiszel und Eugénie Rosenzweig war dies Anlass, Limoges mit ihrer Tochter zu verlassen und in die italienische Zone überzusiedeln. Wie berichtet, wurden die Juden dort weder verfolgt, noch an die Deutschen ausgeliefert, und die italienische Zone war „geradezu das gelobte Land in Frankreich für die Juden geworden", wie Heinz Röthke, der Leiter des Judenreferats der Gestapo in Paris in einem Vermerk vom 21. Juli 1943 schrieb, (siehe Klarsfeld, a.a.O., S.291). Und es ist nur zu verständlich, dass Fiszel mit seiner Familie, wie tausende von Juden die Flucht dorthin wählte. Den jüdischen Flüchtlingen wurden zwar einige Orte zwangsweise zugeordnet, („résidences assignées"), aber dies geschah eher zu ihrem Schutz und zur Vorbereitung ihrer Flucht. Ob sie zunächst in einer dieser „résidences assignées" oder sofort in Nizza lebten, ließ sich nicht mehr klären. Vermutlich kamen auch sie, wie viele Juden, zunächst in einen der von der italienischen Besatzungsarmee festgelegten Orte und wurden dann im Laufe des Jahres 1943 in ein Hotel in Nizza eingewiesen. Belegt ist, dass sie im November 1943 in einem Hotel in

Nizza, in der Avenue du Maréchal Foch N° 13, lebten. Das Hotel existierte bis 2021 und wurde danach geschlossen.

Die relative Sicherheit der Juden endete im September 1943, als Italien gegenüber den Alliierten kapitulierte und die Seite wechselte. Nunmehr besetzte die Wehrmacht auch die bisherige italienische Besatzungszone und begann sofort mit der systematischen Judenverfolgung.

In einer umfassenden Aktion wurden unter Leitung von Alois Brunner, dem Kommandanten des Lagers Drancy und einem der wichtigsten Mitarbeiter von Adolf Eichmann, die Juden in Nizza verhaftet. Da ihre Aufenthaltsorte im Rathaus bekannt waren, war deren Verhaftung einfach. Wir verdanken Serge Klarsfeld die Information, dass Fiszel und Eugénie nach dem 12. November 1943 verhaftet und am 18. November mit 75 anderen Personen nach Drancy transportiert wurden. Von dort wurden sie mit dem Transport Nr. 62 am 20. November 1943 nach Auschwitz deportiert. Es kann davon ausgegangen werden, dass sie sofort nach der Ankunft in die Gaskammer geschickt wurden, denn in den Listen des Lagers tauchen ihre Namen nicht auf. Auf der Deportationsliste wird ihre Adresse in Nizza mit „Rue Lépante Nr. 28" angegeben. Das Haus befindet sich unweit des Hotels, in dem sie zuvor wohnten. Sie hatten offensichtlich noch kurz vor der Verhaftung das Hotel verlassen und versuchten unterzutauchen.

Die Entscheidung von Fiszel und seiner Frau, in die italienische Besatzungszone zu gehen, erwies sich somit als sehr verhängnisvoll. Das Schicksal der Juden war oft dem Zufall ausgesetzt. Im vorliegenden Fall wäre es besser gewesen, in Limoges zu bleiben, als in die italienische Zone zu wechseln. Wer aber konnte ahnen, dass Italien das Bündnis mit Deutschland aufkündigen und die Wehrmacht jetzt auch dieses Gebiet besetzen würde? Und wer konnte ahnen, dass mit Alois Brunner einer der rabiatesten Judenverfolger in Nizza wüten würde?

Eine besondere Tragik ist, dass der jüdische Diplomat Angelo Donati, Mitarbeiter im italienischen Kommissariat für jüdische Fragen, noch versucht hatte, die etwa 25.000 Juden der italienischen Zone zu retten. Hierzu hatte er, mit Zustimmung des neuen italienischen Ministerpräsidenten Marschall Pietro Badoglio, im Vatikan eine Zusammenkunft mit den Botschaftern der USA und Großbritanniens organisiert. Ziel war es, die Juden mittels gecharterten Schiffen nach Nordafrika zu bringen. Am 3. September unterzeichneten Italien und die Alliierten den Waffenstillstand. Dieser sollte einige Wochen lang geheim gehalten werden, um die Evakuierung durchführen zu können. Am 8. September veröffentlichte General Eisenhower jedoch das Abkommen über den Waffenstillstand, was den sofortigen Einmarsch der Wehrmacht zur Folge hatte. Die Evakuierung war damit gescheitert. Aber gleichzeitig muss auch festgestellt werden, dass Brunner nicht so „erfolgreich" war wie er erhoffte. Denn von den über 25.000 Juden wurden „nur" weniger als 2.000 deportiert. Dies lag vor allem daran, dass er sich jetzt nicht mehr auf die französische Polizei stützen konnte und die Bevölkerung den Juden half, sie versteckte und sie mit falschen Papieren versorgte. (Siehe hierzu: Serge Klarsfeld, a.a.O, S. 223 ff.)

3. DIE RETTUNG VON ANNETTE ROSENZWEIG

Wie aber konnte die Tochter Anna gerettet werden, die zum Zeitpunkt der Verhaftung ihrer Eltern, also im November 1943, acht Jahre alt war? Dank der Recherchen einiger Mitglieder der Familie Rosenzweig kennen wir die Einzelheiten.

Im September 1943 wurde Annette von der Hilfsorganisation „Oeuvre de Secours aux Enfants – OSE" vom Hotel in Nizza abgeholt und mit anderen Kindern illegal über die Grenze in die Schweiz gebracht. Man muss sich den Schmerz und die Angst der Eltern vorstellen, ihre Tochter fremden Menschen in Obhut zu geben und so für längere Zeit den Kontakt zu ihr zu verlieren.

Die OSE ist eine jüdische Organisation, die 1912 in Sankt Petersburg gegründet worden war, um notleidenden Juden, insbesondere Kindern, zu helfen. Nachdem sie das bolschewistische Russland verlassen musste, nahm sie ihren Sitz in Berlin und nach 1933 in Paris. Während der Zeit der

deutschen Besetzung Frankreichs agierte sie zunächst offiziell in Zusammenarbeit mit der „Union générale des israélites de France – UGIF". Diese war auf Initiative der deutschen Besatzungsmacht nach dem Vorbild der Judenräte in den anderen von Deutschland besetzten Gebieten eingerichtet worden. Sie war zur Zusammenarbeit mit der Besatzungsmacht und dem

Vichy-Regime gezwungen und spielte so eine sehr zwiespältige Rolle. Deshalb beendete die OSE bald die Zusammenarbeit mit ihr und wirkte nach der Besetzung von ganz Frankreich im Untergrund.

Die OSE betreute über 1.300 Kinder in verschiedenen Kinderheimen, und es gelang ihr, ca. 5.000 von ihnen heimlich ins Ausland zu bringen. Hierbei konnte sie sich auf verschiedene andere Einrichtungen und Personen stützen, wie die „CIMADE – Comité intermouvements auprès des évacués", eine protestantische Hilfsorganisation, die zahlreiche Juden versteckte. Die Bevölkerung des Cevennendorfs „Le Chambon-sur-Lignon" erwarb sich solchermaßen Verdienste, dass es von der Gedenkstätte Yad Vashem nach dem Krieg mit dem Titel „Gerechte unter den Völkern" ausgezeichnet wurde. Die in Limoges geborene Tochter von Léon Kahan und Juliette Rosenzweig, Eliane, ging später im dortigen „Collège Cévenol" zur Schule.

Unter den anderen Organisationen und Personen sind hier zu erwähnen das Netzwerk der Résistance unter Moussa Abadi und Odette Rodenstock, das vom Bischof von Nizza, Paul Rémond unterstützt wurde, sowie die „Eclaireurs israélites de France". (Siehe hierzu: Georges Garel, Le sauvetage des enfants juifs par l'OSE.)

Doch kommen wir zurück zu Annette Rosenzweig. In einer Akte der Genfer Polizei vom 27. September 1943 findet sich der Bericht von Annette selbst über ihre Flucht in die Schweiz: „Ich habe Colmar mit meinen Eltern einige Monate nach meiner Geburt verlassen, und wir sind nach Paris gezogen. Ich habe Paris im Alter von 4 Jahren verlassen, um nach Limoges und dann nach Nizza zu gehen. In Limoges bin ich eingeschult worden. Von Nizza aus bin ich in die Schweiz gekommen.

Ein Herr holte mich zu Hause ab und hat mich zum Bahnhof gebracht. Von dort hat uns, wir waren 19 Kinder, eine junge Frau bis nach Annecy begleitet. Von dort haben uns Schleuser bis zur Grenze geführt. Wir haben die Grenze am 27. September 1943 gegen 21 Uhr 30 in der Gegend von Chêne-Bourg überschritten, und sofort nach unserem Übertritt wurden wir festgenommen und zu einer Zollstation und dann zum Aufnahmezentrum von Cropettes gebracht."

Es ist sehr wahrscheinlich, dass die Schleuser Georges Loinger und seine Frau Flore Hélène Rosenzweig (nicht verwandt mit „unserem" Rosenzweig) waren. Georges Loinger stammte aus einer jüdischen Familie in Straßburg. Seine Frau wuchs in einem Waisenhaus in Straßburg auf und engagierte sich in jüdischen Organisationen, wo sie ihren Mann kennenlernte. Beide waren in der Résistance und in Annemasse für die OSE tätig. Georges Loinger starb 2018 im Alter von 108 Jahren.

Nach einem Protokoll der Grenzwache des 6. Arrondissement von Genf mit Datum vom 25. September 1943 verlief der Grenzübertritt etwas anders. Danach erfolgte dieser am 24. September 1943 um 20 Uhr 40 von der französischen Grenzstadt Annemasse kommend, indem die Kinder mit Hilfe eines Schleusers, eben wahrscheinlich Georges und Flore Loinger, den Stacheldrahtzaun überwunden hatten.

Von der Grenzpolizei wurden sie der Gendarmerie von Chêne-Bourg, einem Vorort von Genf, übergeben. Das

Eidgenössische Justiz- und Polizeidepartement in Bern verfügte dann, dass Annette in ein Auffanglager im Genfer Stadtteil Charmilles kam. Gleichzeitig erging ein Bericht an das „Schweizer Hilfswerk für Emigrantenkinder", das für Annette eine jüdische Gastfamilie fand. Ab dem 4. Februar 1944 wohnte sie dann bei der Familie Löwy-Christen in Zürich, Schreinergasse 50 und blieb dort bis zum Ende des Krieges.

Nach Kriegsende, am 5. September 1945, schrieb der Onkel von Annette, Yechiel Milgram einen Brief an das Schweizerische Justiz- und Polizeidepartement, in dem er darum bat, seine Nichte nach Frankreich zurückbringen zu dürfen. Schließlich war es sein 21-jähriger Sohn Jean (Salomon) Milgram, also der Cousin von Annette, der sie am 26. September 1945 mit Unterstützung der französischen Botschaft abholen konnte. Sie lebte dann jedoch nicht in ihrer Familie, sondern in jüdischen Waisenhäusern, zunächst in Hénonville, einem Dorf etwa 55 km nordwestlich von Paris und dann in Saint-Pierre-de-Chartreuse, einem Ort närdlich von Grenoble, der vor allem durch sein Kloster „La Grande Chartreuse" bekannt ist.

Von dort schickte sie Postkarten an ihren Onkel Yechiel und die Tante Rivka in Limoges. Interessant an dieser Korrespondenz ist, dass die erste Karte vom 25. August 1946 in, wenn auch gebrochenen, Deutsch geschrieben ist, also ihrer frühen Muttersprache, da sie ja die ersten Jahre ihres Lebens in Colmar verbracht hatte. Die zweite noch erhaltene Postkarte vom 6. Juli 1948 hingegen ist in einem relativ korrekten Französisch geschrieben.

Um 1948/49 übersiedelte sie mit Unterstützung einer jüdischen Hilfsorganisation nach Israel. Dort heiratete sie später den orthodoxen Rabbiner Chaim Fuxbromer mit dem sie neun Kinder bekam. Sie wohnte mit ihnen in Bnei Brak, einer vor allem von ultraorthodoxen Juden bewohnten Stadt von heute ca. 200.000 Einwohnern, nordöstlich von Tel Aviv.

Als Bernard Tatarkowski, der Neffe von Leibus Rosenzweig (siehe Kapitel über Fajgla Rosenzweig) in Israel lebte, schrieb er in einem Brief vom 31. Januar 1955 an seine Cousine Juliette über Annette, die damals 20 Jahre alt war: „Sie erinnert sich an niemanden mehr; sie ist ein liebes Mädchen und sehr fromm. Das will in Israel etwas heißen!"

Im Zusammenhang mit diesen Recherchen telefonierte der Sohn des Cousins von Annette, Jacques Rimon, nach langer Zeit wieder mit ihr. Ebenso nutzte ein anderer Verwandter einen Besuch in Israel zu einer Kontaktaufnahme. Beide berichteten, dass sie sich nicht mehr an die Kriegszeit erinnert – und auch nicht mehr daran erinnert werden möchte. Sie kennt in französischer Sprache nur noch einen einzigen Satz: „Je suis née à Colmar."

Hier soll noch etwas ausführlicher die Bedeutung von Jean Milgram gewürdigt werden, dem Neffen von Eugénie, der sich nach seiner Übersiedlung in Israel Shlomo (Salomon) Rimon nannte. Geboren wurde er 1924 in Łódź. Zwei Jahre später übersiedelte seine Familie nach Frankreich und ließ sich in Straßburg nieder. Bei Ausbruch des Krieges – er nannte sich nun Jean – besuchte er dort das Gymnasium

„Fustel de Coulanges", musste aber 1940, wie alle Juden, das Elsass verlassen und ging mit seiner Familie nach Limoges. 1941, nach Erlass der antijüdischen Gesetzgebung der Vichy-Regierung, beschloss er, zu de Gaulle nach London zu gehen, verbrannte seine Papiere und nannte sich jetzt Jean Milgram, geboren in Straßburg und katholischer Konfession. Leider misslang sein Fluchtversuch. Deshalb ging er 1942 als Soldat zur Waffenstillstandsarmee, weil er hoffte, auf diese Weise nach Nordafrika zu gelangen. In der Armee wurde er einer Fernmeldekompanie zugeordnet und erlernte auf diese Weise das Morsen und den Funkverkehr.

Nachdem wenige Monate später die Waffenstillstands-armee aufgelöst wurde, stieß er zur Résistance und übernahm für sie den Funkverkehr mit London. Am 10. Juni 1943 wurde er jedoch entdeckt und in Montmélian bei Chambéry von der französischen Polizei verhaftet und vor ein Sondergericht gestellt. Es gelang ihm, mit Hilfe von Freunden aus der Haft zu fliehen, woraufhin er erneut seine Identität änderte und sich jetzt Roland Villeton, Student der Elektrotechnik, nannte.

Weitere Stationen seiner Tätigkeit in der Résistance waren Nizza, Paris und Nancy. Dort wurde er im Juli 1944 verraten und von der Gestapo verhaftet. Auch unter Folter gab er keine Informationen über sein Netzwerk preis und kam daraufhin in das Konzentrationslager Natzweiler-Struthof, wo er Ende 1944 befreit wurde. Für seine Verdienste in der Resistance erhielt er nach dem Krieg von General de Gaulle den Orden „Croix de Guerre".

1949 übersiedelte er mit seiner Familie nach Israel und nannte sich ab da Shlomo Rimon. Er arbeitete bei der „Israel Aircraft Industrie", wo er für die Lizenzverträge zur Beschaffung elektronischen Bauteile zuständig war. Dies ermöglichte es ihm, nach Frankreich zurückzukehren, wo er von 1964 bis 1970 tätig war. Er starb 2002 im Alter von 78 Jahren.

4. HERSCHEL UND SIMON ROSENZWEIG

Über die beiden Brüder von Leibus, Herschel und Simon (Shimene), haben wir nur wenige Informationen. Wie Juliette berichtete, sind sie in Polen geblieben und während des Krieges ebenfalls deportiert und ermordet worden.

Herschel (Hersz) wurde am 20. Juni 1899 in Pińczów geboren. Wir wissen, dass er verheiratet war und seine Frau Chaja hieß. Sie lebten in Łódź unter der Adresse Ulica Północna Nr. 21. Es gibt das nebenstehende Foto von Herschel mit seiner Frau auf dem diese Adresse auf der Rückseite vermerkt ist. Leider wissen wir nicht, wann und wo dieses Foto aufgenommen wurde.

Auch in den Unterlagen von Yad Vashem kann man ihre Namen nicht mit Sicherheit finden. Aber auf einer Liste der Bewohner des Gettos von Łódź der Aroldsen Archive gibt es einen Hersz Rosenzweig, geboren im Juni 1899, Sohn von Leibus und Malka, der unter der Adresse Stary Rynek Nr. 8 gemeldet war, bevor er in das Ghetto umziehen musste. Dort sei er am 21. April 1944 gestorben. Auf der Internetseite „ancestry.com" findet man seine Adresse im Ghetto unter Mühlgasse 59. Der Name seine Frau Chaja fand sich jedoch auf keiner dieser Listen.

Von seinem Bruder Abram Szymon, geboren am 24. Juni 1901, haben wir noch weniger Informationen. Sein Name ist weder auf der Liste des Gettos von Łódź noch im Archiv von Yad Vashem zu finden.

Wahrscheinlich lebte er ebenfalls in Łódź. Jedenfalls ist er

nicht nach Frankreich ausgewandert, und sein Name findet sich auch nicht auf den Deportationslisten. Nach dem Krieg gab es keinen Kontakt mit ihm, so dass angenommen werden muss, dass auch er ermordet wurde.

Im „Schwarzen Koffer" befanden sich zwei Fotos von Szymon, die er an seinen Bruder Leibus in Vitry-sur-Seine geschickt hatte. Das nebenstehende ist eines davon.

5. FANNY ESTHER BRESSLER

Die beiden Töchter von Berek und Malka Rosenzweig waren
die einzigen ihrer Kinder, die nicht Opfer der Shoah wurden.
Fanny – ihr eigentlicher Vorname war Esther – wurde am 10.
August 1887 ebenfalls in Pińczów geboren und wanderte wie
ihre Geschwister nach Frankreich aus.

Wie zwei ihrer Brüder, Josek und Fiszel, sowie ihre
Schwester Fajgla, lebte sie im Elsass. Dort heiratete sie Marcel
(Mozek) Bressler, mit dem sie fünf Kinder hatte, die den
Zweiten Weltkrieg überlebt haben:

- Georges (1912 – 1999)
- Bernard (1920 – 1994)
- Suzanne (1923 – 2007)
- Marcel (1930)
- Roland (1934)

Die Bressler ließen sich nach dem Krieg im Pariser Großraum nieder. Dank der Kontakte mit dem Sohn Roland, der sich Louis nennt, und dessen Sohn Dominique konnte die Geschichte der Familie in großen Zügen ermittelt werden.

Was zunächst überrascht ist, dass sie nicht Opfer der Verfolgung durch die Deutschen oder das Vichy-Regime wurden. Ein wichtiger Grund hierfür war, dass sie die französische Staatsangehörigkeit besaßen, was zumindest am Anfang der Verfolgungen von Vorteil war.

Die beiden älteren Söhne, Georges und Bernard, waren außerdem Soldaten und kamen in Gefangenenlager. Georges verbrachte die Kriegszeit in Deutschland, wo er auf einem Bauernhof arbeitete, und Bernard in einem Kriegsgefangenenlager in Norwegen. Unter den Kriegsgefangenen wurden keine Juden gesucht und deportiert, denn dies hätte zu großen Konflikten mit der Vichy-Regierung geführt, die Berlin möglichst vermeiden wollte.

Anders lag die Situation bei dem Mädchen Suzanne und den beiden Kindern Marcel und Roland. Sie waren in Gefahr und als die Razzien begannen, kamen sie in die Obhut der OSE, die sie in Kinderheimen nahe der Schweizer Grenze unterbrachten. Sie hatten aber Glück, dass nicht auch diese Kinderheime, wie das von Isieu, von der Gestapo heimgesucht wurde. So konnten sie die Verfolgungen überleben. Ihre Mutter Fanny war bereits im Juli 1944 an einer Krankheit im Alter von 57 Jahren gestorben.

6. FAJGLA TATARKOWSKI

Joël Tatarkowski, Fajgla,
Großmutter Malka und der Sohn

„Tante Feigel", wie man sie in der Familie nannte, wurde am 29. Juni 1890, wie ihre Geschwister, in Pińczów geboren und verließ diesen Ort, um zu ihren Brüdern in Frankreich zu ziehen. Dort heiratete sie Joël Tatarkowki und bekam mit ihm den Sohn Bernard, der ihr einziges Kind blieb.

Leider konnten ihre weiteren Lebensdaten noch nicht ermittelt werde. Sie muss sehr alt geworden sein, da von ihr ein Foto existiert, das in einem Altersheim in den Vogesen, vermutlich Mitte der 60-er Jahre, aufgenommen wurde. Damals war sie also über 70 Jahre alt.

Ihr Sohn Bernard wurde am 6. Oktober 1921 in Straßburg geboren. In der Familie wurde er nur „Grand Bernard" genannt, da er etwa einen Meter neunzig maß und die anderen Familienmitglieder um mehr als einen Kopf überragte, wie das Foto auf der folgenden Seite zeigt, das bei einem Besuch in Limoges aufgenommen wurde.

„Grand Bernard" war aber nicht nur auf Grund seiner Körpergröße eine außergewöhnliche Person. Er hatte auch ein sehr abenteuerliches Leben.

Nach dem Einmarsch der Deutschen in das Elsass blieb er zunächst, entgegen den Anweisungen der Besatzungsmacht, einige Wochen dort – und bot der Wehrmacht seine Dolmetscherdienste an, da er fließend Deutsch sprach. Für einen Juden schon ein kühnes Unterfangen! Bald wurde ihm dies jedoch zu gefährlich, und er floh nach England, um sich General de Gaulle anzuschließen. Als ich ihn Ende der 60-er Jahre in Straßburg besuchte, zeigte er mir stolz einige Fotos, die ihn

beim Abendessen mit General de Gaulle in London zeigten.

Im Juni 1944 landete er mit den Alliierten in Frankreich und stieß im Frühjahr 1945 mit der 1. Armee unter General de Lattre de Tassigny nach Süddeutschland vor. In der Armee hatte er die Aufgabe, Kriegsverbrecher ausfindig zu machen, und er berichtet stolz, dass er in Konstanz den früheren

Außenminister Konstantin Freiherr von Neurath, den Vorgänger von Joachim von Ribbentrop, verhaftet hatte.

Nach Ende des Krieges heiratete er in Civry-la-Forêt die Engländerin Valérie Diana Hamilton. Sie bekamen zwei Töchter: Brenda geboren 1947 und Marie-Alix geboren 1949. Aber die Ehe war offensichtlich nicht sehr glücklich, denn bald nach der Geburt von Marie-Alix trennten sie sich und wurden 1954 offiziell geschieden.

Der Konflikt mit seiner Frau war wohl auch der Grund für seine Auswanderung nach Israel Anfang der 50-er Jahre, wie er in einem Brief an seine Cousine Juliette schrieb. Er ließ sich in Eilat am Roten Meer nieder, wo er ein Fotogeschäft eröffnete und als Fremdenführer arbeitete. Während dieser Zeit lernte er Fajgla Gajstmann, genannt Fanny, kennen und heiratete sie im Jahre 1969.

Ende der 50-er Jahre kehrte er nach Frankreich zurück und lebte in seiner früheren Heimatstadt Straßburg, wo er mit seiner zweiten Frau Fanny ein kleines Modegeschäft, zunächst in der Rue d'Austerlitz und später in Schiltigheim, einem Vorort von Straßburg, betrieb. Er starb am 26. Januar 1996, im Alter von 74 Jahren.

Mit ihm und seiner Frau unterhielt Juliette Kahan stets engen Kontakt. Als im Frühjahr 1967 Eliane, die Tochter von Juliette und ich heirateten, waren Bernard und Fanny unsere Trauzeugen. Neben der Mutter Juliette waren sie die einzigen französischen Familienmitglieder, die an der Hochzeit teilnahmen. Diese Heirat wurde, wie aus anderen Unterlagen hervorgeht, von der Familie als eine Provokation angesehen, was angesichts der Geschichte verständlich ist.

VI. SCHLUSSFOLGERUNGEN

Anfang des 20. Jahrhunderts emigrierten fünf der sieben damals noch lebenden Kinder von Berek und Malka Rosenzweig nach Frankreich. Zwei blieben in Polen, das damals de facto Teil des Zarenreichs war. Ihre Situation wurde wegen der wirtschaftlichen Notlage und dem dort herrschenden Antisemitismus immer schwieriger. Frankreich war das Land der Menschenrechte und eine Art Gelobtes Land für all jene, die nach Freiheit – und einem besseren Leben – strebten.

Alle fünf Söhne wurden deportiert und in der Shoah ermordet, drei in Frankreich, zwei in Polen. Den beiden Töchtern und ihren Kindern, die in Frankreich lebten, blieb dieses Schicksal erspart.

Von den insgesamt sieben Kindern wurden fünf, also 75 %, deportiert und ermordet. Und von den fünf Kindern in Frankreich wurden drei, also 60 %, ermordet. Gleichzeitig wurden nur 25 % der Juden in Frankreich Opfer der Shoah. Warum ist der Prozentsatz bei den Rosenzweigs so viel höher? Und wie kommt es, dass von der Familie Kahan, der des Ehemanns von Juliette, niemand deportiert wurde?

Wie Jacques Semelin in seinem Buch[*] analysiert hat, gibt es mehrere Gründe, die hier eine Rolle gespielt haben – für die Juden Frankreichs, wie für die Familien Rosenzweig und Kahan:

---

[*] Jacques Semelin, Persécutions et entraides dans la France occupée, Paris 2013

- Opfer der Deportationen wurden vor allem die Juden ohne französische Staatsangehörigkeit. 90 % der französischen Juden haben überlebt, aber nur 60 % der nicht-französischen Juden. Leibus, seine Frau Rezel, sowie Fiszel und seine Frau Eugénie hatten keinen französischen Pass und waren somit in höchster Gefahr. Ihre in Frankreich geborenen Kinder hatten zwar 1924 die französische Staatsangehörigkeit bekommen, im Falle der Deportation ihrer Eltern wären sie jedoch nicht verschont worden, wie wir im Falle der „Rafle du Vélodrome d'hiver" gesehen haben. Juliette, die Tochter von Leibus und Rezel, konnte sich in Limoges verstecken; Annette, die Tochter von Fiszel, wurde von der OSE gerettet.

Joseph wurde trotz seiner französischen Staatsangehörigkeit und trotz der Ehe mit einer „Arierin" deportiert, was eigentlich gegen die damaligen Richtlinien verstieß. Die Gestapo wollte im Mai 1944, als ganz Frankreich von der Wehrmacht besetzt war, keine Ausnahmen mehr akzeptieren.

- In der freien Zone war die Pflicht zum Tragen des gelben Sterns nicht vorgeschrieben, und die Vichy-Regierung verfügte noch über einen Rest von Autorität. Sie befolgte nicht uneingeschränkt die deutsche Politik und verfolgte vor allem die ausländischen bzw. staatenlosen Juden. Dies zeigte sich auch im August 1942, als die Vichy-Regierung zunächst etwa 3.500 ausländische Juden, darunter viele Deutsche, aus ihren Lagern in die besetzte Zone überstellte, wo sie zunächst in Drancy eingesperrt und dann deportiert wurden. Ende des Monats fanden dann nochmals große Razzien statt, bei denen etwa 6.500 Juden verhaftet und deportiert wurden. Diese Razzien betrafen nur ausländische Juden, so dass viele französische Juden glaubten, in der freien Zone sicherer zu sein. So sahen dies auch Juliette und ihr Mann Léon. Wenn die Vichy-Regierung sich gegen die Deportation von französischen Juden stellte, so tat sie dies vor allem, um Unruhen unter der Bevölkerung zu vermeiden, denn diese zeigte sich zunehmend empört über die Behandlung ihrer jüdischen Landsleute.

Ab November 1942, nach der Landung der Alliierten in Nordafrika, wurde die bislang freie Zone von der Wehrmacht besetzt. Und nach dem Waffenstillstand Italiens mit den Alliierten im September 1943 übernahmen die Deutschen die völlige Kontrolle der bislang italienischen Besatzungszone. Nun waren auch die französischen Juden in höchster Lebensgefahr.

- Ein wichtiger Faktor für das Überleben der Juden war die Hilfe von Franzosen, die Juden versteckten, wenn eine Razzia bevorstand, oder die ihnen bei der Überquerung der Demarkationslinie halfen. Dies war der Fall von Pastor Albert Chaudier, wie auch bei den Familien Breuil in Limoges und der Familie Jabouille in Vilhonneur. Sie haben einen wichtigen Anteil an der Rettung von Léon Kahan und seiner Familie. Es ist hier auch jener Colonel Basteau von der Waffenstillstandsarmee zu nennen, der offensichtlich die Anweisungen von Vichy nicht befolgte und die Familie von Léon Kahan schützte.

Zahlreiche Franzosen haben den Juden geholfen, und die Bevölkerung der Region um Chambon-sur-Lignon ist hier ein leuchtendes Beispiel ziviler Courage. Wie berichtet, wurde der Ort hierfür von Yad Vashem als „Gerechter unter den Völkern" geehrt.

- Die kleine Annette, Tochter von Fiszel und Eugénie, wurde von der OSE gerettet. Aber hier sind noch andere Organisationen, Netzwerke und Personen zu nennen wie die protestantische Organisation CIMADE, auch die katholische Kirche, (obwohl Anhängerin von Marschall Pétain) mit den Bischöfen Paul Georges von Nizza, Pierre Gerlier von Lyon und Jules Saliège von Toulouse. Unter den vielen Helfern haben wir Georges Garel, Moussa Abadi und Odette Rodenstock schon erwähnt.

- Ein weiterer Faktor, der bei der Rettung der Juden eine große Rolle spielte, war einfach der Zufall oder das Glück. Wenn der deutsche Soldat bei der Kontrolle von Juliettes Papieren beim Überschreiten der Demarkationslinie erkannt hätte, dass diese falsch waren, und wenn die Gendarmen, die Juliette in der Wohnung in Limoges kontrollierten, verhaftet hätten, wäre dies das Ende gewesen. Ein anderes Mal, als sie am Bahnhof von Limoges kontrolliert wurde, hatte sie das große Glück, dass der Polizist ein Nachbar aus Vitry-sur-Seine war und sie laufen ließ.

- Vergessen wir auch nicht den Verrat, der Josek in Moustier-Sainte-Marie zum Verhängnis wurde. Als naturalisierter Franzose, Ehemann einer „Arierin" und Vater von acht Kindern hatte er gute Voraussetzungen, um zu überleben. Nachdem er vier Jahre in dieser Gemeinde gelebt und sich nichts hat zu Schulden kommen lassen, konnte er nicht ahnen, dass er doch noch verhaftet würde.

- Die Geschichte von Fiszel Rosenzweig und seiner Frau Eugénie ist besonders tragisch. Nach der Besetzung von Paris flüchteten sie in die freie Zone nach Limoges, wo sich schon die Familie seiner Frau befand. Als die Wehrmacht auch der freien Zone besetzte erschien ihm Limoges als ein zu gefährlicher Ort, und er ging mit seiner Familie in die italienische Zone, wo die Juden geschützt waren. Wie sollte er ahnen, dass Italien das Bündnis mit Nazi-Deutschland aufkündigen und die Seite wechseln würde. Wie konnte er ahnen, dass die Wehrmacht auch diese Zone besetzen und mit Alois Brunner und Klaus Barbie die fanatischsten Judenjäger in Nizza wüten würden. Das Leben hing an einem seidenen Faden. Einige Mitglieder der Familie seiner Frau konnten in die Schweiz fliehen, andere blieben in Limoges. Ob Fiszel auch versuchte, in die Schweiz zu fliehen, wissen wir nicht. Es ist aber anzunehmen.

- Und warum war Leibus Rosenzweig im Dezember 1942 so leichtsinnig, in das Polizeikommissariat von Ivry-sur-Seine zu gehen, um seinen Personalausweis verlängern zu lassen? Wäre er in Vitry-sur-Seine geblieben, oder hätten sich die Gendarmen nicht als feige Kollaborateure von Nazi-Deutschland erwiesen, hätten er und seine Frau wahrscheinlich den Krieg überlebt.

Eine Tante, die in der Nähe von Limoges wohnte – die Mutter von Eugénie – warf Juliette später vor, dass sie ihre Eltern und die Großmutter nicht nach Limoges holte. Dies war aber leider nicht möglich. Denn wie hätte sie mit der tauben und fast blinden Großmutter die Demarkationslinie überschreiten und sie mehrere Kilometer über Felder und durch Wälder gehen lassen sollen? Wie hätte sie die Familie in Limoges beherbergen können?

Man brauchte Glück zum Überleben!

VII. EPOLOG

1. DAS LEBEN NACH DEM KRIEG

Juliette und Léon kehrten im November 1944 nach Vitry-sur-Seine zurück. Nach einigen Schwierigkeiten konnten sie ihr Haus wieder bewohnen – die Résistance hatte einen Teil des Hauses beschlagnahmt, da die Besitzer dort ja nicht mehr wohnten. Léon reparierte die Regale im Laden und die beschädigten Schaufenster. Nach einigen Wochen konnten Waren beschafft und das Geschäft wieder eröffnet werden. Léon bot seine Waren auf dem Markt an, und Juliette verkaufte Herren- und Damenoberbekleidung, sowie Arbeitskleidung. Das Leben ging weiter.

Ende November 1948 erhielt Juliette die offizielle Bestätigung, dass ihre Eltern in Auschwitz am 14. Februar 1943 ermordet worden waren, kurz nach Ankunft des Transports, der am 9. Februar Drancy verlassen hatte. Und im Oktober 1948 war Juliette zur Erbin ihrer Eltern erklärt worden.

Im Januar 1947 starb „Mémère", jene Frau, die Juliette aufgezogen hatte und die sie liebte wie ein Mitglied ihrer Familie. Sie wurde im Familiengrab der Familie Bossert-Naudé in Epernay bestattet.

Das Ladengeschäft in Vitry-sur-Seine änderte seinen Namen. Es hieß nun nicht mehr „Maison Léon – tout l'habillement", sondern „Léon Sports" und führte sämtliche Sportartikel, einschließlich Sportbekleidung, im Sortiment. Einige Zeit später ging Léon auch auf Camping- und Caravaning-Ausstellungen in der Pariser Region.

Die Familie führte ein normales Leben, mit den üblichen Familienfesten und Urlaubsreisen, vor allem in den Süden Frankreichs. Nach einigen familiären Turbulenzen wurde das

Das Geschäft in Vitry-sur-Seine 1968

Geschäft verkauft. Léon und Juliette verließen ihr Haus Anfang 1990 und zogen in eine Seniorenresidenz in Vitry-sur-Seine. Léon starb am 3. Februar 1996 im Alter von 86 Jahren. Juliette überlebte ihn um acht Jahre und starb vier Wochen vor ihrem 94. Geburtstag, am 1. Januar 2004.

Der Sohn Henri-Bernard heiratete 1966 Lydia Nissenbaum und bekam mir ihr zwei Kinder, Laurence und Lionel. Er hatte in Choisy-le-Roi ebenfalls ein Sportgeschäft eröffnet und übernahm das der Eltern 1968. Einige Jahre später, nach seiner Scheidung, zog er es vor, sich auf der Insel Nosy Be, nördlich von Madagascar, niederzulassen, wo er ein Feriendorf aufbaute. Er starb im Jahre 2005, nach langer Krankheit, im Alter von 67 Jahren.

Die Tochter Eliane verbrachte ihre Schulzeit zunächst in Vitry-sur-Seine und dann am Collège Cévenol in Chambon-sur-Lignon, jenem Ort, der sich bei der Rettung der Juden während des Krieges ausgezeichnet hatte. Ab 1963 arbeitete sie am Flughafen Orly bei der israelischen Fluggesellschaft El Al. Einige Jahre später, 1967, heiratete sie einen Deutschen, der damals in Nürnberg lebte – auch das noch! – und mit dem sie zwei Kinder bekam, Myriam und Patrick. Diese Ehe rief natürlich keine Begeisterung in der Familie hervor, aber in der Folge akzeptierte sie den deutschen Schwiegersohn – den Autor dieses kleinen Buches. 1984 trennte sich das Paar, und jeder ging eine neue Ehe ein. Im August 2017 starb Eliane nach mehreren Schlaganfällen in Emmendingen, einem Ort nördlich von Freiburg, wo sie mit ihrem zweiten Mann gelebt hatte. Dieser war bereits drei Jahre vor ihr gestorben.

2. DIE NACHKOMMEN DER ROSENZWEIG HEUTE (2025)

Von den sieben Kindern von Berek und Malka Rosenzweig, die das Erwachsenenalter erreichten, hatten nur fünf ihrerseits Nachkommen. Leibus hatte eine Tochter, Fanny vier Söhne und eine Tochter, Fajgla einen Sohn, Josek vier Söhne und vier Töchter und Fiszel eine Tochter.

Die Nachkommen von Joseph Rosenzweig.

Anna, die Witwe von Joseph Rosenzweig mit ihrem zweiten Mann vor den Kindern, von links nach rechts: Bernard (1922-1989), Joséphine (1931-2011), Jean-Louis (1936-2019), Marlyse (1929), Robert (1941), Suzanne (1934-2016), Claire (1924-2004) et Marcel (1927-2016).

Das Foto wurde 1982, bei der Feier zum 80. Geburtstag von Anna, im Elsass aufgenommen.

In den folgenden Generationen gab es 42 Enkel, und 51 Urenkel, wobei ich nicht sicher bin, ob ich sie alle ausfindig machen konnte. So fehlen derzeit noch Informationen über die Nachkommen von Annette Rosenzweig-Fuxbromer in Israel, die selbst neun Kinder bekam. Man kann also davon ausgehen, dass heute über 100 Nachkommen von Berek und Malka Rosenzweig leben.

Sie tragen die folgenden Familiennamen (in alphabetischer Reihenfolge):

Bressler – Bourgoin – Cachia – Chiappa – Clerc – Coletta – Delcloy – Estarragua – Fischer – Fressange – Fuxbromer – Giel – Herzog – Hofsettler – Kahan – Koenig – Legay – Manent – Nassef – Odermatt – Olivero – Pleimelding – Poggi – Pons – Renzacci – Rosenzweig – Tatarkowsky – Tümmers – Weiss ... und es gibt sicher noch einige Namen, die in dieser Liste fehlen.

Sie leben in den verschiedensten Ländern: in Frankreich, Deutschland, den USA, in Französisch Guyana, in Israel, Madagaskar, der Schweiz – und wahrscheinlich in noch anderen Ländern, wo wir die Nachfahren der Rosenzweig aus Pińczów finden können.

3. ERLEBNISBERICHT VON MYRIAM TÜMMERS-NASSEF

„Als älteste Enkelin von Léon und Juliette Kahan hatte ich das große Glück, diese einzigartige Liebe zwischen Großeltern und Enkel zunächst ungeteilt genießen zu dürfen. Und da mein Vater wegen seiner Forschungen oft in Paris war, konnte ich viel Zeit bei meinen Großeltern in Vitry-sur-Seine verbringen.

Ich erinnere mich an zwei liebevolle und aufopfernde Menschen, die mir eine stete Verlässlichkeit vermittelten. Sie waren immer für Andere da und hatten auch immer ein Ohr für mich. Beide waren sie herzensgute Menschen, und vielleicht hatten sie auch etwas Naives und Gutgläubiges. Aber sie lebten die Werte ihrer christlichen Religion, waren sie sehr gläubig und lasen täglich in der Bibel, ohne jedoch andere missionieren zu wollen. Sie lebten einfach ihre Werte ganz praktisch im täglichen Leben vor.

Ferien bei meinen Großeltern zu verbringen, hat mir unzählige und wunderschöne Erinnerungen beschert: Sei es mit meinem Großvater im Park zu spielen und auf der Terrasse Tomaten zu pflanzen, oder mit meiner Großmutter alte Bildbände über ferne Kulturen anschauen, ihre Fotoalben durchstöbern und ihre Geschichten zu hören.

Juliette erzähle mir gerne Geschichten aus ihrem Leben, auch wenn viele von ihnen ohne Zweifel für sie traumatisierend gewesen sein mussten. Als ich älter wurde, interessierten mich die Geschichten immer mehr, wie sie aufwuchs, wie sie darunter gelitten hatte, nicht studieren zu dürfen, wie sie meinen Großvater kennen und lieben lernte, wie es ihr und der Familie im Krieg ergangen war und schließlich, wie sie den Verlust ihrer Eltern und deren Ermordung in Auschwitz bewältigen musste.

Ich ermutigte sie immer wieder, ihre Geschichte aufzuschreiben. Und als ich 1990 im Rahmen meines Studiums ein Praxissemester in Paris absolvierte, verbrachte ich jedes Wochenende bei meinen Großeltern und fing an, mir Notizen über diese Familiengeschichte zu machen, in der Hoffnung, dass sie vielleicht eines Tages in ein Buch Eingang finden könnten.

Juliette, animiert von meiner Neugier, fing dann tatsächlich selbst an, ihre Geschichte aufzuschreiben. Teile daraus wurden sogar in der lokalen Zeitung von Vitry-sur-Seine veröffentlicht und sind auch im „Schwarzen Koffer" aufbewahrt.

Als meine Großmutter starb, sie hatte ihren Mann um fast acht Jahre überlebt, räumte ich mit meiner Mutter im Januar 2004 die kleine Zwei-Zimmer-Wohnung im Altersheim in Vitry auf. Ich packte alles, was mir irgendwie wichtig erschien, in einen alten, schwarzen Reisekoffer meines Großvaters. Dieser besagte „schwarze Koffer" ergab den Titel für diese Familienchronik.

Da ich keine Zeit fand und auch nicht die Geduld hatte, die Fotos und Dokumente zu sichten und zu ordnen, zog dieser schwarze Koffer voller Fotos, Urkunden, Schriftwechsel und anderen Erinnerungen an das Leben meiner Großeltern und ihren Vorfahren mit mir die nächsten Jahre von einer Wohnung zur anderen.

Als mein Vater pensioniert wurde, hatte er mehr Freizeit und interessierte sich für meine Sammlung. Für einen Professor der Politik-wissenschaft ist dies nur zu verständlich. Ich übergab ihm also meinen „Schatz", und er fing an, alle diese Dokumente zu sichten und zu sortieren. Er recherchierte in vielen Archiven, nahm Kontakt auf mit vielen entfernt Verwandten, und konnte so eine Übersicht über alle Nachkommen von Berek Rosenzweig und seiner Frau Malka Kornblum erstellen. Die von ihm erstellte Familiengeschichte brachte viele uns noch unbekannte hervor.

Welch eine bewegende Geschichte, wie viele Geschichten und Anekdoten! Wie viele Tragödien!"

4. SCHLUSSBEMERKUNGEN UND DANK

Bei den Nachforschungen zur Geschichte der Familie Rosenzweig erhielt ich wertvolle Unterstützung von zahlreichen Personen. Ihnen möchte ich hier meinen Dank aussprechen. Zunächst meiner Tochter Myriam, die beim Tode ihrer Großmutter Juliette alle Dokumente und Fotos eingesammelt und damit gerettet hat. Anderenfalls wären sie wahrscheinlich auf der Abfalldeponie gelandet.

Ich konnte mehrere Nachfahren von Berek und Malka Rosenzweig kontaktieren, die wertvolle Informationen und Hinweise gaben:

- Marlyse Herzog und Robert Herzog, die letzten noch lebenden Kinder von Josek Rosenzweig, dem Onkel von Juliette Kahan;

- den Sohn von Marlyse, Georges (genannt „JoJo"), der in den USA lebt;
- die Tochter von Marlyse, Mireille Giel, die in der Pfalz wohnt;
- die Enkel von Josek, Christian Rosenzweig, Jean-Marie Rosenzweig, Georges Herzog, Robert Rosenzweig, Raymonde Fischer und Irène Weiss-Odermatt;
- Roland Bressler, der Sohn von Fanny Esther Bressler und Tante von Juliette, sowie Dominique Bressler, Sohn von Roland;
- Jacques Rimon, Großneffe von Eugénie Rosenzweig, geborene Milgram, der in Israel lebt;
- Nicole Rouzic, Urgroßenkelin von Ruben Kahan, dem Schwiegervater von Juliette.

Wertvolle Hilfe erhielt ich von Serge Klarsfeld, dem ich wichtige Informationen zum Schicksal von Fiszel und Eugénie Rosenzweig in Nizza verdanke. Mit Beate Klarsfeld konnte ich mich am 9. November 2021 anlässlich einer Gedenkfeier zur „Reichskristallnacht" unterhalten.

Besonders bedanken möchte ich mich bei M. Jean-Claude Rosenwald und Mme Myriam Goujjane, den Orsganisatoren der Ausstellung „1945 – Vitry libérée – Mémoires de la déportation" in Vitry-sur-Seine. Ich verdanke ihnen die Protokolle über die Verhaftung von Leibus Rosenzweig.

Der Direktor des Internationalen Büros der Stadt Kielce in Polen, Grzegorz Wdowiak recherchierte freundlicherweise im Archiv der Woiwodschaft von Heilig-Kreuz, zu der Pińczów gehörte. Er konnte mir die Geburtsurkunden der Kinder von Berek und Malka Rosenzweig beschaffen.

Schließlich möchte ich meinem Sohn Patrick danken, der als Graphiker im Nebenamt das Fach Typographie an der Ludwig-Maximilian-Universität München lehrt. Er hat den Buchumschlag gestaltet und diesen Text in Buchform gebracht.

VIII. ANLAGEN

1. Die Deportationsliste vom 9. Februar 1943 mit Leibus und Rezel Rosenzweig
   (Quelle: https://collections.arolsenarchives.org/archive/)

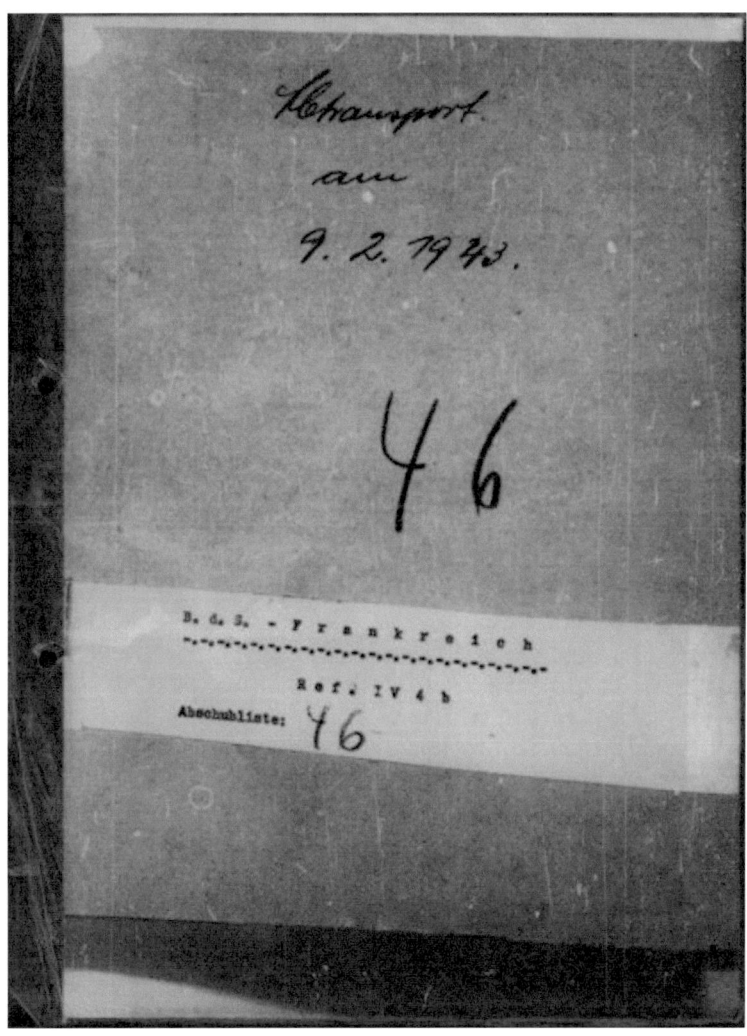

2. Die Deportationsliste vom 30. Mai 1944 mit Josek Rosenzweig

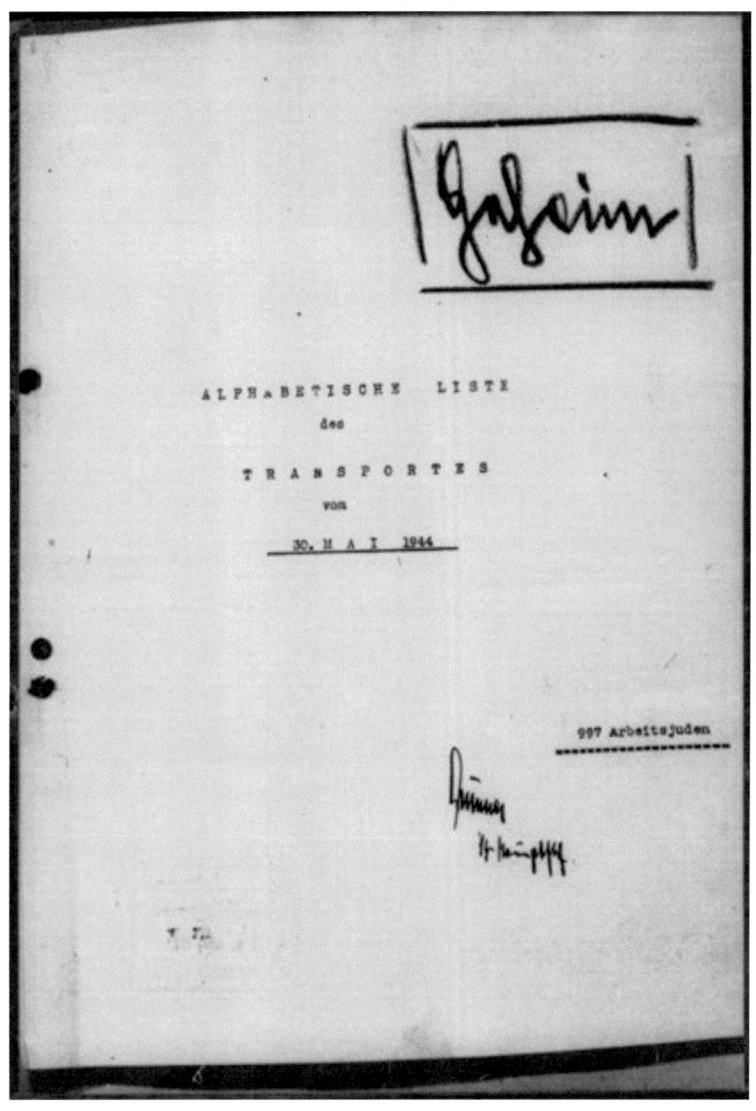

726	ROOS Lipay	27. 6.21	Geschichtedoz.	22689
727	ROOS Marcel	25. 7.83	Kaufmann	22687
728	ROOS Marion	19. 9.22	Studentin	22690
729	ROOS Yvonne	15. 6. 96	Ohne	22680
730	ROSENBERG Boris	11. 3.93	Lederwarenhändler	22755
731	ROSENBERG Rachel	10. 6.95	Näherin	23069
732	ROSENBERG Chana	11.11.99	Ohne	23414
733	ROSENBERG Kalma	3. 9.04	Rosenmacherin	23413
734	ROSENZWEIG Joseph	13. 6.93	Schneider	22259
735	ROSSINSKY Armand	11. 4.11	Zahnarztgehilfe	23268
736	ROTHSCHILD Anna	29. 3.95	Daktylo	22863
737	ROTHSTEIN Samuel	27. 5.66	Landwirt	22187
738	ROUKI Moïse	26. 6.04	Tapezierer	4415
739	ROUKI Soultana	15.12.05	Ohne	11850
740	ROZANYKWIA Gerda	10.10.10	Näherin	22089
741	ROZANYKWIAT Richard	27. 6.34	Ohne	22090
742	ROZANYKWIAT Thadée	8. 4.08	Zeichner-Graphiker	22088
743	ROZENBERG Abraham	15. 4.77	Bankangestellter	22896
744	ROZENBERG Maurice	20.10.25	Pelzer	22604
745	RUBIN Isaac	25. 8.85	Mechaniker	23324
746	RUBIN Rose	6. 7.74	Ohne	23150
747	RUDECKI Chaim	26. 11.90	Ohne	22525
748	RUDECKI Maurice	3. 2.29	Schüler	22527
749	RUDECKI Sura	4. 5.85	Ohne	22526
750	RUKFF Mathieu	12. 2.01	Arbeiter	23187

3. Die Deportationsliste mit Fiszel und Eugénie Rosenzweig: Dokumente des Grauens: SS-Obersturmführer Röthke erstattet Bericht an das Reichssicherheitshauptamt über den Transport N° 62, mit dem Fiszel und Eugénie nach Auschwitz verbracht wurden.

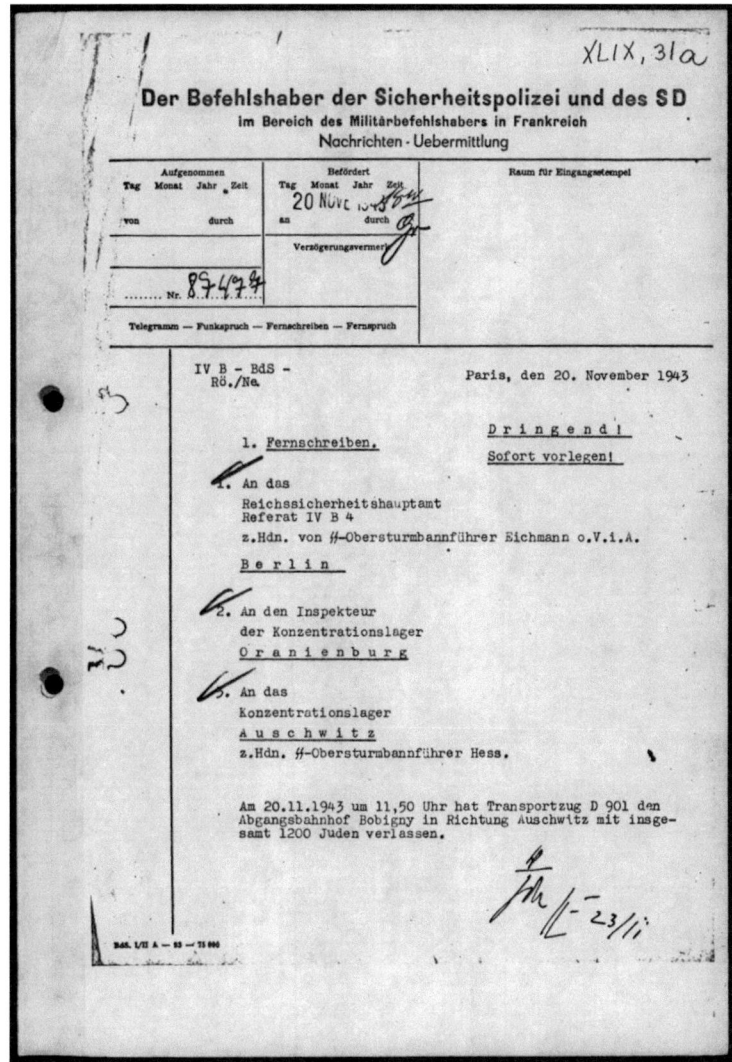

Die im Transport befindlichen Juden entsprechen den
gegebenen Evakuierungsrichtlinien.

Der Transport wird mit 1:20 Schutzpolizei (Meister der
Schutzpolizei Köhnlein) begleitet.

Nachstehende Lebensmittel wurden dem Transport in einem
Waggon mitgegeben:

```
4200 kg  Mehl
7800  "   Kartoffeln
 300  "   Margarine
  96  "   Kaffee
 330  "   Zucker
 420  "   Salz
 330  "   Teigwaren
 330  "   Trockengemüse
 600  "   Konservengemüse
  16,5 "  Schokolade
```

Es wird gebeten, die hochwertigen Lebensmittel nicht
für KZ-Häftlinge zu verwenden.

Falls durch das Begleitkommando nicht die genaue
Anzahl von 1200 Juden übergeben werden sollte,
erbitte ich FS-Nachricht vom KZ. Auschwitz.

BdS - Referat IV B

                    Im Auftrage: Röthke
                    ℍ-Obersturmführer

                              I.A.:

901	ROSENBACH Cécile	30.10.83	Ohne	7499
902	ROSENBAUM Léo	22. 6.32	Dolmetscher	7500
903	ROSENBERG Karl	18. 1.93	Mechaniker	7735
904	ROSENBERG Salomon	10. 5.90	Friseur	7736
905	ROSENBUND Jacob	26. 3.00	Holzarbeiter	4390
906	ROSENCHER Claudine	24. 4.41	Kind	7927
907	ROSENCHER Renzo	5. 2.13	Ohne	7926
908	ROSENCHER Michelle	7.4.43.	Kind	7928
909	ROSENKRAFT Ajice	13. 3.96	Ohne	8087
910	ROSENZWEIG Yvonne	24. 4.08	Ohne	7427
911	ROSENFELD Esther	19. 7.87	Ohne	7011
912	ROSENBERG Lucien	16. 6.08	Vertreter	6611
913	ROSENBOVITCH Charlotte	1. 7.09	Studentin	7578
914	ROSENTHAL Raoul	2. 6.08	Apotheker	1605
915	ROSENZWEIG Eugénie	13. 5.10	Ohne	8391
916	ROSENZWEIG Fiszel	28. 7.06	Schneider	8390
917	RYAS Jean	22. 4.06	Journalist	8372
918	ROSENSWEIG Jérome	22. 4.76	Kaufmann	7701
919	RUBIN Léo Serge	21. 6.13	Journalist	8273
920	ROSIAK Joseph	13. 5.90	Schneider	7162
921	ROSINE Micheline	26. 7.34	Schülerin	7472
922	ROSIER Sarah	13. 1.01	Ohne	7471
923	ROTHSCHILD Albert	6. 4.08	Angestellter	8160
924	ROTHSCHILD Julius	31. 7.75	Kaufmann	7630
925	ROTHSCHILD Ruth	22. 6.18	Ohne	8141

4. Dokumente zur Rettung von Annette Rosenzweig

Eidg. Justiz- und Polizeidepartement
POLIZEIABTEILUNG   Bern, den 27. Oktober 1943.

N 13309 Th.

DIE POLIZEIABTEILUNG
des
Eidg. Justiz- und Polizeidepartements
stellt

im Rahmen der Bemühungen zur Unterbringung von Flüchtlingskindern
fest:

Annette Rosenzweig, geb. 16. Februar 1935, Frenstein,

hat am 24. September 1943 illegal die Schweizergrenze überschritten. Dieses Flüchtlingskind hat zurzeit keine Möglichkeit,
die Schweiz zu verlassen. Es erscheint als angezeigt und dringlich,
das Kind an einem Freiplatz in einem privaten Haushalt unterzubringen. Bis zur fremdenpolizeilichen Regelung des Aufenthalts-
verhältnisses in einem Kanton muss das Kind im Sinne des Kreis-
schreibens des eidgenössischen Justiz- und Polizeidepartements
vom 3.Dezember 1942 formell als interniert behandelt werden.
Deshalb hat die Polizeiabteilung des eidgenössischen
Justiz- und Polizeidepartements in Anwendung der Art.14, Abs.2,
und Art.15, Abs.4, des Bundesgesetzes über Aufenthalt und Niederlassung der Ausländer vom 26.März 1931 sowie von Art.7 des Bundes-
ratsbeschlusses vom 17.Oktober 1939 über Aenderungen der fremdenpolizeilichen Regelung

e r k a n n t :

1. Das obgenannte Kind wird in diesem Sinne bis auf weiteres
interniert. Bureau in charoffes.

2. Mitteilung an:

a) Schweizer. Emigrantenkinderhilfswerk, in 2 Exemplaren.
b) Eidgenössische Fremdenpolizei.
c) Statistik.

DER CHEF DER POLIZEIABTEILUNG
i.A.   sig. Fischli.

F. 26 4.
hs

ARRONDISSEMENT TERRITORIAL
G E N È V E

N° 13389

Genève, le 27-9-43.

29. SEP. 1943

D E C L A R A T I O N

Concernant :

R
R O S E N Z W E I G   Anette, née le 16-2-35 à Colmar, fille de Philippe et de Ginette née
Milgram, Française, israel., écolière, cél., dernier dom. Limoges,
rue de Montmaillier 42.

Elle déclare :   J'ai quitté Colmar avec mes parents quelques mois après ma naissance
et nous sommes allés à Paris. J'ai quitté Paris à l'âge de 4 ans pour
aller à Limoges puis à Nice. J'ai commencé mes écoles à Limoges. Depuis nice je suis venue
à Moutre. en Suisse.

Un monsieur est venu me chercher à la maison et m'a conduite à la gare de là une jeune fille
nous a conduits, car nous étions 19 enfants, et nous a conduite jusqu'à Annecy de là des passeurs
nous ont conduits jusqu'à la frontière.

Nous avons passé le 27-9-43 vers les 2130 dans la région de Chêne-Bourg et dès notre passage
nous avons été arrêtés et conduits au poste de douane puis au centre d'accueil des cropettes

Visite sanitaire :   effectuée

Moyens d'existence :   aucun

Connaissances :   Famille Milgram, réfugié, parti pour Lausanne au Camp de la Rosiaz
                     18-4-43.

Pièces d'identité :   aucune

i/z. G.A. Geiger

Flüchtlingskartothek
E. 11 – Okt. 1943
1   0   [?]

Erledigt:

Lu et confirmé :
Rosenzweig ANNET

Schweizer Hilfswerk für Emigrantenkinder.
==

Sektion: Genève   Name des Auffanglagers: Charmilles
Fürsorgerin: Dufour   Kanton:
                Datum: 4.X.43

F R A G E B O G E N :

1.   Name und Vorname des Kindes ROSENZWEIG Annette
2.   Geburtsdatum und Ort: 16.2.35   Colmar
3.   Konfession: isr. kosher   Datum d.Einreise i.d.Schweiz: 24.9.43
4.   Staatsangehörigkeit: franç.
5.   Name und Vorname des Vaters Philippe (Fischel) tailleur
6.   Derzeitiger Aufenthalt des Vaters : Nice, 13, av. Maréchal Foch
7.   Name und Vorname der Mutter Ginette Mädchenname: Milgram
8.   Derzeitiger Aufenthalt der Mutter: Nice
9.   Name der Geschwister, Alter und Aufenthaltsort :

10.   Ist in nächster Zeit eine Ausreisemöglichkeit vorhanden?
      Wenn ja, wohin ?
11.   Vorhandene Geldmittel:
12.   Namen und Adressen von event. Verwandten od.nahen Freunden in der
      Schweiz? cousine: enfants Milgram
13.   Gesundheitszustand des Kindes: bonne

14.   Wünscht das Kind durch uns eine Nachricht an seine Eltern, oder
      nächsten Verwandten im Ausland weiterzugeben:

15.   Event. Bemerkungen betr. Unterbringung des Kindes:
      Placer dans famille rituelle
      mignonne petite fille
      Parle français, yiddisch, comprend allem.

NB. Dieser Fragebogen ist von der Vertreterin unseres Hilfswerkes   quest. env. Zurich 7.X.43
     persönlich auszufüllen.

No. 251/301 B.S. ~~4~~ _____   A _ad acta_   B.C. VI No. 251/2. _2912_

Corps des gardes-frontière   _17.9.43_

VIème Arrondissement   _Cornières_, le _25.9._ 194_3_

                                Au poste de gardes-frontière

Arrestation de réfugiés.   _Cornières_

1. Etat-civil : Nom _ROSENZWEIG_   Prénom : _Annette_
    Date de naissance : _16.2.35_   Nationalité : _française_
    Race et religion : _juive_   Profession : _/_
2. Papiers : _aucun_
3. Situation militaire : _aucune_
4. Domicile avant la guerre : _Colmar_
5. Itinéraire suivi : _Annemasse - Cornières_
6. Arrestation : Date : _24.9.43_ heure : _2040_ lieu _au barrage_
                       par _3 gdes. fr._
    ~~Comment, où et quand la frontière a-t-elle été franchie ?~~
          à travers les barbelés
    passeur éventuel : _oui_
    à ~~quelles conditions ?~~ _inconnues_
    Le réfugié ~~était isolé~~ - faisait partie d'un groupe de _21_ personnes
    ~~dont les membres de sa famille désignés ci-contre.~~
7. Motif de la fuite : _éviter la déportation_
8. Moyen ~~d'existance en Suisse~~ : _aucun_

9. ~~Etat de santé (déclaration du réfugié)~~ : _bon_
10. Proches parents en Suisse (père, mère, conjoint, enfants)
    nom et adresse : _aucun_

11. Relations étroites avec notre pays ?
    Séjours antérieurs :
12. Observations diverses :

M i l g r a m Jochil PA No. 9732
Flüchtlingsheim Morgins

Morgins, 5.9.1945.

An die
Polizeiabteilung des Eidgen.
Justiz- und Polizeidepartements
B e r n

Betrifft: R o s e n z w e i g Annette, Französin, geb. 1935 bei Familie
Levy, Zürich, Schreinerstr. 5o

Ich gestatte mir hierdurch, mit folgendem ergebensten Ansuchen an Sie heranzu-
treten:

Obgenanntes Kind, meine Nichte, befindet sich bei genannter Familie. Nachdem
die Eltern desselben deportiert sind und der Grossvater des Kindes sich in
Limoges befindet, bitte ich Sie, das Kind mit dem nächsten Convoi nach Frankreich zu repatriieren. Ich selbst bin auch für einen der nächsten Convois
vorgesehen und möchte das Kind mitnehmen.

Wollen Sie gefl. die Freundlichkeit haben und die Familie beauftragen, zur
gegebenen Zeit, d.h. der Zustellung der Aufforderung zur Ausreise, mir das Kind
zu übergeben, damit ich dasselbe dem Grossvater, meinem Vater, überbringen kann.

Da die Zeit sehr kurz bemessen ist, wäre ich Ihnen sehr zu Dank verpflichtet,
wenn Sie die Repatriierung für das Kind und für mich ausschreiben.

Ich gebe der sicheren Hoffnung Ausdruck, dass Sie meine ergebenste Bitte
einer günstigen Erledigung zuführen und verbleibe

mit vorzüglicher Hochachtung

J. Milgram

NB. Ich bitte vielmals, mir eine Copie der Convocation, welche Sie dem
Kind zuschicken, gefl. zukommen zu lassen.

D.O.

156

SCHWEIZER HILFSWERK FUER EMIGRANTENKINDER, ZENTRALSTELLE

Claridenstrasse 36, Zürich.

Unterbringung von Flüchtlingskindern

Kreisschreiben des eidg. Justiz-und
Polizeidepartementes an die Polizei-
direktionen der Kantone, vom 3.12.42.
Placement d'enfants réfugiés

circulaire du Département fédéral de
justice et police du 3.12.42. aux
directions de police des cantons.

An das
Eidg. Justiz- und Polizei
departement,
Polizeiabteilung

B e r n

I/Ref. No.   N 13389   Zürich, den 25.10.45.hu

Betr. ROSENZWEIG, Annette,geb.16.2.35.franz.isr.

Sehr geehrte Herren,
                                              26.9.45.
Wir teilen Ihnen mit, dass das obgenannte Kind am
von seinem bisherigen Pflegeorte in

                          Z ü r i c h .

                          Fam.Löwy-Christen
                    bei

                          Schreinerstr5.5o

                    nach Frankreich ausgereist.

                    bei

umplaziert worden ist.

Event. Bemerkungen: Beilage: Int.beschluss im Doppel

                              Mit vorzüglicher Hochachtung
                              Schweizer Hilfswerk für Emigrantenkinder

Kopie geht an Kanton: Zürich zwecks Abmeldung
Gemeinde:
Sektion des SHEK   Zürich

 Aide aux Emigrés,Genève

5. Die Deportation der Brüder von Rosa (REZEL) Scher Abtransport von Isaak Scher/Szer am 17. Juli 1942

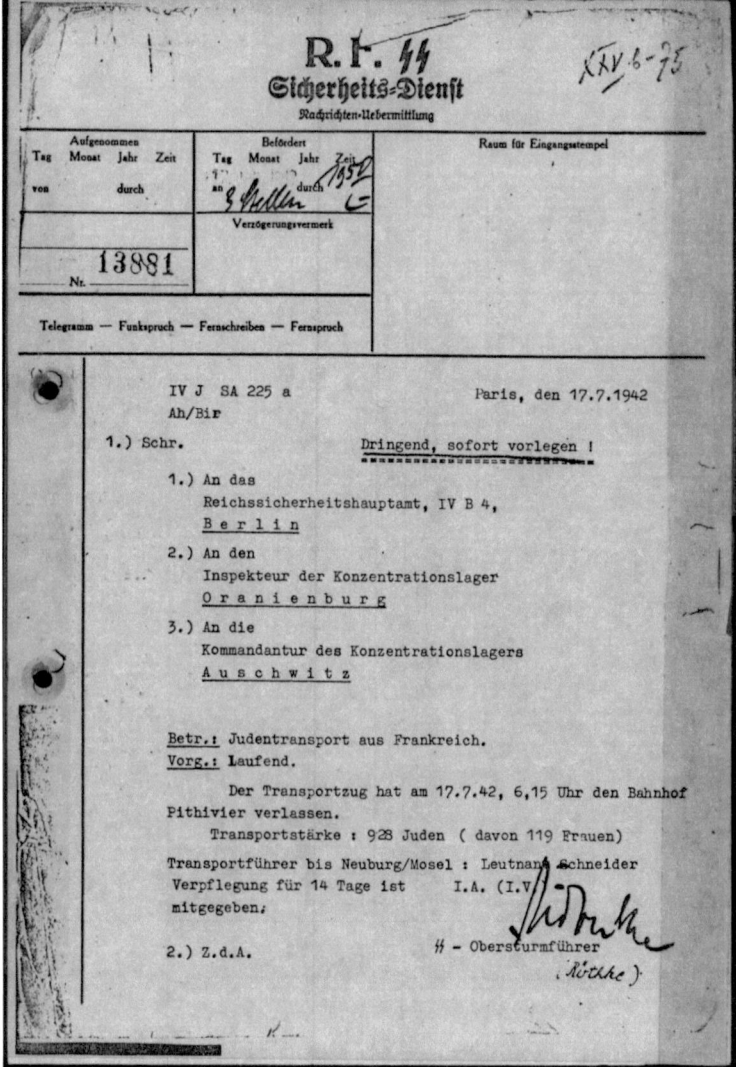

Abtransport von ISAAK SZER am 17. Juli 1942

N°	Mle	NOMS et Prénoms	Date de Naissance	Lieu de Naissance	Situation Famille	Profession	Nationalité	Domicile ou Adresse
761	1627	SLAWICKI Jakob	26-9-04	Varsovie	Mar 3	Professeur	Polonais	Bagnolet : 96 Rue de la Fraternité
762	1628	STAUBER Sigmund	30-9-38	Lwow	Mar 2	Chapelier	d°	Paris - 182 Rue de Charenton
763	1629	STEG Martin	19-4-95	Biatra	Mar 4	Surveillant	Tchécoslov	Paris - 12 Rue de la Cotte
764	1631	STEINBERG Chaim	1-9-04	Beli	Mar 3	Fourreur	Polonais	Paris - 14 Rue de Sévigné
765	1632	STEINBERG Ludwik	1-9-09		Mar 1	Restaurat.	Tchécoslov	Paris - 52 Rue François Miron
766	1635	STEINLAUF Samuel	24-7-07	Winsrzoki	Mar 1	Imprimeur	Polonais	Paris - 17 Rue de Bretagne
767	1636	STEINLOWF Samuel	25-3-00	Varsovie	Mar 1	Chauffeur	d°	La Varenne-St Hilaire-5 Rue Liège
768	1637	STERN Aloise	18-7-96	Minsin	Mar 1	Gérant	Tchécoslov	Paris - 10 Rue Jacques Mawas
769	1638	STERN Jakob	14-2-02	Siedlokowo	Mar 1	Tailleur	Polonais	Paris - 27 Rue des Couronnes
770	1642	STOLAR Wojsech	23-3-09	Varsovie	Vor 1	Menuisier	d°	Paris - 2 Rue Etienne Moray
771	1646	STRYJAKOWSKI Chaim	12-11-04	Varsovie	Mar 1	Tailleur	d°	Paris - 75 Rue Charlot
772	1650	STRYJAKOWSKI Zelik	15-3-10	Bulca-Seewa	Mar 4	Cordonnier	d°	Corbevoie - 12 Rue Gauthier
773	1652	SUKIENNY Boslik	15-1-06	Kiessow	Mar 1	Tailleur	d°	Paris - 15 Rue du Buisson St Louis
774	1653	SUNOK Mejsel	1900	Varsovie	Mar 2	Commerçant	d°	Paris - 34 Pass. Montgallet
775	1656	SZERMAN Israel	17-4-04	Nova-Wessyny	Mar 2	Marchand	d°	Paris - 30 Rue Poissonnière
776	1658	SZERMAN Semierek	1901	Saydlovice	Mar 1	Boulanger	d°	Paris - 207 Rue St Maur
777	1665	STORCH David	1911	Nerol	06lib	Bocheur	d°	Paris - 8 Rue de Lorillon
778	3044	STURM Jakob	15-8-12	Holbusaw	06lib	Jesilier	d°	Paris - 11 Rue Lopen
779		SZAJFARB Wrcen			Mar 1	Confection	d°	Anvers - 203 Rue Berkurdail
780	1655	SZAJMAN Berim	17-2-04	Varsovie	06lib	Chocolatier	d°	Paris - 99 Rue Beaubourg
781	1657	SZAJMAN Berim	17-2-01	Varsovie	Mar 2	Tricoteur	d°	Paris - 36 Avenue de Choisy
782	1659	SZAJNER Luser	5-10-01	Saydlovice	Mar 1	Tricoteur	d°	Paris - 16 Rue Pierre Dupont
783	1670	SZAJNER Gerson	5-10-01	Varsovie	Mar 3	Tricoteur	d°	Les Lilas - 106 Rue de Noisy le Sec
784	1671	SZAJNERMAN Zelik	1911	Benzin	06lib	Tailleur	Indéterm	Paris - 7 Rue J.B. Dumoy
785	1672	SZAJNERT Szeja	17-2-00	Freenborg	Mar 2	Vernisseur	Polonais	Paris - 218 Rue St Maur
786	1676	SZARJ Abraham	25-8-03	Stupzow	Mar 1	Tailleur	d°	Paris - 20 Rue de Rivoli
787	1677	SZANFER Lejser	27-1-05	Opatow	Mar 3	Tailleur	d°	Paris - 126 Av de Choisy
788	1678	SZANLIT Abram	20-2-03	Laskarzef	Mar 3	Maroban	d°	Bagnolet - 95 Av de la Fraternité
789	1679	SZARTAWNIK Morbin	Ber 21-1-07	Varsovie	Mar 2	Cartonnier	d°	Paris - 55 Rue Richer
790	1684	SZLINSZKAJDER Mowsz	9-12-08	Mordy	Mar 1	Coiffeur	d°	Paris 62 Rue Charlot
791	1685	SEMYER David	4-8-04	Plonsk	Mar 1	Coiffeur	d°	
792								
793	1690	SZER Isaak	1904		Celib	Tailleur	d°	Paris - 2 Rue Pont Louis Philippe
794	1693	SZERMAN Froim	1-12-02	Lods	Mar 2	Fabricant	d°	Paris - 48 Rue Piétricourt
795	1694	SZERMAN Herszek	14-7-02	Swolen	Mar 2	Tailleur	d°	Paris - 35 Bd Bonne Nouvelle
796	1697	SZERMAN Sans	23-4-06	Megnachon	Mar 3	Tailleur	d°	Paris - 48 Rue Julien Lacroix
797	1699	SZERMAN Zacharia	18-4-02	Sulawy	Mar	Maroquinier	d°	Paris - 17 Rue de Leppe
798	1700	SERERSZEWICS Becalel	19-10-05	Varsovie	Mar 1	Commerçant	d°	Paris - 2 Rue Petron
800	1702	SZISTKER Nuta	11-1-04	Rowno	Mar		d°	Paris - 1 Rue de l'Ouest

159

Abtransport von Henri und Jacob Scher/Szer am 31. Juli 1942

R.F. ⚡⚡

Sicherheits-Dienst

Nachrichten-Uebermittlung

Aufgenommen			Befördert			Raum für Eingangsstempel
Tag	Monat	Jahr	Zeit	Tag	Monat	Jahr	Zeit
von		durch		31. Juli 1942 durch			

Verzögerungsvermerk

Nr.

Telegramm — Funkspruch — Fernschreiben — Fernspruch

IV J 3A 225 a   Paris, den 31.7.1942
He/Bir

Dringend! sofort vorlegen!

a) An das
Reichssicherheitshauptamt, Referat IV B 4,
z.Hdn. H-O'stubaf. EICHMANN o.V.i.A.
Berlin

b) An den
Inspekteur der Konzentrationslager
in Oranienburg

c) An das
Konzentrationslager
in Auschwitz

Am 31.7.1942, 6,15 Uhr hat Transportzug Nr. D 901/8
den Abgangsbahnhof Pithiviers in Richtung Auschwitz mit insgesamt 1049 Juden verlassen.
Der erfaßte Personenkreis entspricht den gegebenen
Richtlinien.
Transportführer ist Leutnant Kleinschmidt, dem die
namentliche Transportliste in zweifacher Ausfertigung mitgegeben wurde.
Mitgegebene Verpflegung, Brot, Kartoffeln usw. pro Jude
für 14 Tage.

i.A. (I.V.)

H - Obersturmführer

160

BARAQUE 8 (suite)

124	HERKMAN	Abram	8-8-82	Varsovie	Confectionner : Paris
125	STOLOV.	Simon	1-5-96	Kiew	Tailleur : "
126	BRODKIN	Leib	24-5-95	Czestochowa	Cordonnier : "
127	SZYMANSZKO	Abrum	10-7-98	Sumk	Maroquinier : Monte uil
128	DANZIGER	Adolphe	25-5-97	Turew	Manoeuvre : St Ouen
129	"	Berst	5-5-34	Berlin	" : "
130		Roger	1-5-37	"	S.P. : "
151	TELMIAK	Albert	6-6-98	Lodz	: Paris
132	BRUSZTEIN	Icek	3-5-94	Laskarzen	Tailleur : "
133	BRONENMAN	Abram	9-10-01	Okonnef	" : "
134	ROTSZTAJN	Szyga	14-7-10	Varsovie	" : "
135	DALSEN	Leon	13-6-90	Kolomau	" : "
136	ODNIPIRKIEL	Chil	1896	Lomul	Casquetier : "
137	PRZEBORSKI	Jux	26-5-92	Nowo Radomsk	Repasseur : Bat.olnt
138	ZAG	Abram	1897	Wargavia	Tailleur : Paris
139	WITCZKOWSKI	Idel	3-1-97		S.P. : "
140	SKURON SKI	Jacob	22-1-91	Dabrownica	Tailleur : "
141	BAKK	Boris	7-3-94	Vilno	S.P. : "
142	STUCKEACYCH	Rowaine	18-8-97	Gberzetoan	Tapissier : "
143	MING	Cyper	26-10-06	Krasnik	Maroquinier : "
1		Jzmkiel	13-7-00		Controleur Spéc/ : "

BARAQUE 31

145	BRONIEWSKI	Tadeus'	11-9-84	Theodor	S.P. : Paris
146	RZETKAR	Oscar	8-1-86	Roan	" : "
147	BERWIRSKI	Leaih	16-1-00	Karkow	Serri Baira : "
149	SUPHANSTEJN	Japob	27-2-831	Minsk	S.P. : Neuilly sur Seine
149	LEPIRE	Lazar	22-11-851	Sokkdov	Radacteur : Paris
150	LEVIN	Elis	27-10-641	Irkouat	Médecin : "
151	KIWISCHWIRE	Mefge	35-3-95	Verzobokomo	" : "
152	FOLES	Rachmile	11-7-94	Dwinsk	S.P. : "
153	JASKIELOWICZ	Boise	24-5-94	Varsovie	Tailleur : "
154	SZRKOWICZ	Israel	24-12-84	Cmpletow	" : "
155	"	Moszek	15-1-22	Clopiclow	" : "
156	SASHEL	Igmuon	26-1-24	Borrystejn	S.P. : "
157	"	Him	4-1-13		Fourreur : "
158	SOSSAK	Henri	21-4-90	Alexandrowtoh	Soudeur : "
159	"	Jacob	5-10-96	"	Tailleur : "
160		Abem	1-1-0b	Wto	Maroquinier : "
161	JEROZTEIN	Joseph	23-3-94	Ekatarinoslaw	S.P. : Bois-Colombes
162	DALHAM	Isaac	1-1-94b	Varsovie	Manoeuvre : "
148	SZRRBOF	Abram	1905	"	Tricoteur : Paris

161

IX. QUELLEN

Bei den Recherchen zur Geschichte der Familie Rosenzweig wurden vor allem die Unterlagen aus dem Nachlass von Juliette Rosenzweig, gesammelt im besagten „Schwarzen Koffer", verwendet.

Eine wichtige Quelle waren die erwähnten Gespräche mit mehreren Nachkommen der Kinder von Berek und Malka Rosenzweig, denen ich auch einige Dokumenten, insbesondere zu Schicksal von Anna Rosenzweig, verdanke.

Bei den Recherchen zu den Schicksalen der Familienmitglieder konnten Dokumente in mehreren digitalisierten Archiven gefunden werden:

- Die Arolsen Archive: https://collections.arolsen-archives.org/de
- Archives du Centre de Documentation Juive Contemporaine, Paris
- United States Holocaust Memorial Museum: https://www.ushmm.org/
- Yad Vashem, The World Holocaust Remembrence Center: https://www.yadvashem.org/
- Jewish Records Indexing Poland: https://beta.jri-poland.org/
- Ancestry: https://www.ancestry.com

Die folgende Literatur gibt einen Gesamtüberblick über sie Situation Frankreichs unter deutscher Besetzung und das Schicksal der Juden. Die umfassendste Darstellung ist das Buch von Serge Klarsfeld, Vichy-Auschwitz. Ebenfalls sehr

informativ über die Rettung der Juden sind die Veröffent-
lichungen von Georges Garel und Jacques Semelin.

- Robert Aron, Histoire de Vichy, Paris 1954
- Robert Aron, Histoire de la libération de la France, Paris 1959
- Albert Chaudier, Limoges 19344 – 1947, capitale du maquis, Paris-Limoges 1980
- Saul Friedländer, Das Dritte Reich und die Juden,
- Georges Garel, Le sauvetage des enfants juifs par l'OSE, Iggybook 2019
- Raul Hilberg, Die Vernichtung der europäischen Juden, Frankfur am Main 1991
- Eberhard Jäckel, Frankreich in Hitlers Europa, Stuttgart 1966
- Serge Klarsfeld, Vichy-Auschwitz, die Endlösung der Judenfrage in Frankreich, Darmstadt 2007
- Robert Paxton, La France de Vichy, Paris 1972
- Gerald Reitlinger, Die Endlösung, Berlin 1956
- Jacques Semelin, Persécutions et entraides dans la France occupée, Paris 2013

X. DER AUTOR

Hans J. Tümmers, geboren 1944 in Ravensburg, studierte Betriebswirtschaftslehre mit Abschluss Diplomkaufmann und Politikwissenschaft in Nürnberg. Er promovierte danach in Augsburg mit einer Dissertation über eine gaullistische Partei unter der IV. Republik zum Dr. phil.

Er lehrte als Professor für Politikwissenschaft/Europa-Studien in Reutlingen, Straßburg und Stuttgart und war Gastprofessor an der HEC Paris.

Er war Europabeauftragter des Wirtschaftsministers von Baden-Württemberg und Direktor der Ecole de Management der Universität Straßburg. Er ist „Officier dans l'Ordre des Palmes Académiques" der Französischen Republik, Ehrenvorsitzender des Europa Zentrums Baden-Württemberg und Ehrensenator der Hochschule Reutlingen.